한 걸음 더 다가간

이화 의료 이야기

한 걸음 더 다가간

이화 의료 이야기

이화의료원 역사편찬위원회 지음

이화여자대학교출판문화원

발간사

유경하
이화여자대학교 의무부총장 겸 의료원장

이대서울병원의 시작과 함께 우리나라 최초의 여성전문병원이었고 여성 의사와 간호사를 양성했던 '보구녀관普救女館'이 고증·복원되어 의과대학 앞마당에 세워졌습니다. 이화의료원의 정신이 바로 세워지는 참으로 의미 있고 감격적인 일이었습니다. 이때부터 이화의료원 역사편찬위원회 팀은 매주 수요일 오후 보구녀관에 모여서 우리의 역사 기록들을 살펴보고, 발굴하고, 알리는 일을 시작했습니다.

누가 시킨 일도 아니고, 꼭 해야만 하는 의무감도 없었고, 구체적인 목표도 없이 시작한 일인데 모두 이 시간을 기다리게 되었습니다. 서툴게 꺼내온 역사의 기록들이 다듬어지면서 좀 더 전문적으로 자료를 수집할 필요가 생겼습니다. 그래서 감리교연합교회의 자료를 보관하고 있는 드루신학대학에 직접 방문하여 귀한 자료들을 모았습니다. 그리고 좀 더 자신감을 갖게 되면서 2022년 그간 모은 자료들을 바탕으로 『이화 의료 이야기』라는 우리 의료원의 이야기를 책으로 편찬하게 되었습니다.

기록을 모으면서 알게 된 사실은 보구녀관이 운영되었던 1800년대 후반에서 1900년대 초기까지는 많은 내용들이 선교사들의 기록으로 남겨져 있었지만 동대문으로 넘어와 1910년 이후 일제강점기가 되면서부터는 자료가 거의 남아 있지 않다는 점이었습니다. 기록의 부재에 잠시 좌절하기도 했지만 찬란했던 116년간 동대문 언덕에서 펼쳐졌던 의료사역의 역사를 찾기 위해 우리는 다시 동분서주했습니다.

그 과정에서 우리가 기록한 것은 거의 없었지만 그 시대의 신문들은 동대문병원의 아주 작은 일도 기사화했다는 사실을 알게 되었습니다. 그래서 당시 신문들의 기사를 모아 엮어보니 일제강점기, 한국전쟁, 그 이후 격동의 대한민국과 함께한 동대문병원을 그려낼 수 있게 되었습니다. 그리고 그것들을 바탕으로 동대문병원을 우리가 기억할 수 있는 공간, 이대동대문병원 역사라운지로 탄생시킬 수 있었습니다. 이제 보구녀관, 이대동대문병원 역사라운지는 이화의료원의 정신이고 자존심이자 이화의료원 구성원들이 가장 사랑하는 공간이 되었습니다.

역사 공부를 처음 시작하던 2021년, 먼나라 이웃의 숭고한 사랑으로 시작된 우리의 귀중한 역사를 이화 가족들과 나누고자, 우리가 공부했던 단편적인 이야기들을 이화의료원 뉴스레터의 한쪽 코너에 연재하기 시작했습니다. 그렇게 매달 쓴 글이 어느덧 50여 편이 되었고, 역사편찬위원회에서는 이를 엮어 책으로 출간하면 좋겠다는 의견을 모았습니다. 먼저 출간된 『이화 의료 이야기』가 체계적으로 시대별로 구성된 교과서와 같은 역사 이야기라면 이 책은 그 교과서에 담기 어려웠던 지엽적이고 개인적인 이야기들, 책 발간 이후 새롭게 발굴한 이야기 등을 모은 것입니다. 책 제목 '한 걸음 더 다가간 이화 의료 이야기'에서도 알 수 있듯이 『이화 의료 이야기』의 2탄 같은 성격입니다.

이 책이 세상 밖으로 나올 수 있게 해주신 역사편찬위원회의 이자형 명예교수님, 임선영 전 동창회장님, 심기남 보구녀관장님, 강애란 교수님, 김영주 교수님, 전혜진 교수님, 박세련 선생님, 그리고 최근 합류하신 강덕희 학장님께 진심으로 감사드립니다. 또 초기에 함께해주신 정은길 작가님, 김유림 선생님이 잘 이끌어주지 않았다면 역사편찬위원회는 지금처럼 잘 운영되기 어려웠을 것입니다. 아울러 기획부터 완성까지 이 책에 가장 큰 애정을 쏟아주신 홍연주 이화의료원 학예사님의 수고에 깊은 존경을 표합니다.

이제 우리의 손을 떠나 여러분께 가고 있는 이 책이 목숨을 걸고 이 땅에 찾아왔던 이웃 사랑에 대한 의미를 다시 생각하게 하는 계기가 된다면, 그래서 우리가 우리의 사명에 대한 무게감을 갖게 된다면 더할 나위가 없겠습니다.

축사

장명수
이화학당 이사장

2022년 출간된 『이화 의료 이야기』는 1887년 보구녀관에서 시작된 이화 의료의 역사를 기록한 책입니다. 그리고 2025년 출간되는 이 『한 걸음 더 다가간 이화 의료 이야기』는 140여 년 전 조선에 와서 의료선교사로 봉사했던 미국 여성 선교사들의 개인 이야기를 더 많이 담은 책입니다. 개인 이야기라고 하지만 그들 모두가 개화기 여성 의료사의 주인공들이므로 조선의 여성 환자들을 치료하기 위해 만리타향에서 자신의 생을 바쳤던 이야기가 감동을 줍니다.

1869년 3월 보스턴의 한 작은 교회에서 미국 북감리교 여성 해외선교회가 시작되었습니다. 목사인 남편과 인도에서 10년을 살다 온 파커 부인이 인도 여성들의 비참한 생활을 전하자 그 자리에 있던 여덟 명의 여성 신자들은 인도 여성들을 도와야 한다고 생각했습니다. "여성을 도우려면 여성이 가야 한다"는 원칙을 세우고 그들은 돈을 모아 여성 선교사를 인도에 파견하자고 뜻을 모았습니다.

이 일이 계기가 되어 감리교 여성선교회는 세계로 눈을 돌렸고, 중국, 일본, 필리핀, 아프리카 등에 선교사와 의료선교사를 파견하게 되었습니다. 조선에 관심을 갖게 된 것은 인도에 선교사를 파견한 지 13년 후인 1883년 오하이오주 라벤다에 사는 루신다 볼드윈이라는 여성이 "조선 여성들을 위해 선교해달라"며 88달러를 기부했기 때문이었습니다. 이 돈은 스크랜튼 부인이 선교사로 조선에 파견되어 이화학당과 보구녀관을 세우는 데 쓰인 첫 기부금이었습니다.

1903년 기록을 보면 여성해외선교회는 여러 나라에 265개의 선교단을 파견하여 여성을 위한 중등교육과 고등교육 기관, 신학교, 병원과 시약소 등을 운영하고 있었는데, 당시 미국의 여러 선교회 중에서도 가장 뛰어난 성과였습니다. 무엇이 여성해외선교회의 힘이었을까요. 세계 곳곳에서 비참하게 살아가고 있는 여성들에 대한 충격과 연민, 그리고 여성들이 달려가 여성들을 구해야 한다는 간절한 각성이 그들의 힘이었습니다.

그들은 이화학당과 보구녀관을 도왔고, 여성 지도자를 키우기 위한 장학금도 아끼지 않았습니다. 최초의 여의사 김점동도 여성해외선교회 장학금으로 미국 유학길에 올라 볼티모어여자의학교를 졸업한 후 파송 의료선교사로 귀국하여 매년 수천 명의 환자들을 치료하며 장학금의 은혜를 갚았습니다.

보구녀관의 1대 병원장 메타 하워드, 3대 로제타 셔우드 홀, 4대 메리 커틀러, 5대 릴리안 해리스, 6대 엠마 언스버거 등은 모두 의료선교사로 파견되어 남자 의사에게 몸을 보일 수 없어 병들어도 병원에 못 가던 조선 여자들을 치료했습니다. 보구녀관 후에 잇달아 동대문에 세워진 볼드윈진료소, 릴리안해리스기념병원 등은 조선 여성들을 위한 첫 기부자 볼드윈 부인과 티푸스 감염 환자를 치료하다 환자는 살리고 자신은 병이 옮아 세상을 떠난 해리스 병원장을 기념하고 있습니다. 볼드윈 부인은 볼드윈진료소와 볼드윈교회를 건립할 때도 많은 돈을 기부했습니다.

1892년 3대 병원장 로제타 셔우드 홀의 요청으로 첫 간호사 엘라 루이스가 조선에 왔고, 1903년 간호교육 선교사 마가렛 에드먼즈가 와서 보구녀관 방 두 개를 빌려 조선 최초의 간호원양성소를 열었습니다. 그때 간호원이라는 말을 처음 썼고 간호복도 만들었습니다. 첫 입학생은 종살이를 하다 다리가 괴사되어 주인집에서 쫓겨나자 보구녀관을 찾아왔던 이복업과 의처증 남편이 손가락과 콧등을 잘라 보구녀관에 입원했던 김마르다였고, 그들은 간호원양성소를 졸업한 후 나중에 수간호원이 되었습니다.

동서양을 넘어 감리교 여성해외선교회가 보여준 여성을 돕는 여성 연대의 힘은 오늘 우리에게도 큰 교훈을 줍니다. "여성이 여성을 더 잘 도울 수 있다. 우리가 여성을 돕는 이유는 여성의 자활이다. 교육을 통해, 병든 여성의 치유를 통해 여성이 한 인간으로 자립할 수 있도록 해야 한다." 150여 년이 흘러도 녹슬지 않는 명언입니다.

보구녀관 3대 병원장 로제타 셔우드 홀은 미국의 가족들에게 보낸 편지를 이렇게 끝맺고 있습니다. "나는 조선에 도착하자 돈을 다 털어 약품을 주문했어요. 그러나 기구를 더 살 돈이 곧 오리라는 것을 의심하지 않아요. 우리가 필요할 때 도와주는, 은행과 같은 친구들에게 감사합니다." 6대 병원장 엠마 언스버거는 미국의 친구들에게 의료사역에 필요한 기부를 요청하면서 "마지막으로 필요한 것은 여러분의 공감과 기도입니다"라고 썼습니다.

감동적인 아름다운 이야기가 가득합니다. 모두가 우리 학교, 우리 병원을 키워준 파란 눈의 옛 선배들 이야기입니다. 우리 학교, 우리 병원은 복이 많습니다. 책의 마지막에 실린 강덕희 의과대학장의 '학생들에게 주는 당부의 말'은 우리의 가슴을 뛰게 합니다.

"여러분은 이 숭고한 유산을 이어갈 이화의 미래입니다. 여러분이 배우는 이 시간은 단지 개인의 성장을 위한 것이 아니라 세상과 인류를 향한 섬김의 출발점이기도 합니다. 이화에서 배운다는 것은 곧 나의 배움이 세상을 밝히는 도구가 된다는 뜻입니다."

축사

이향숙
이화여자대학교 총장

보구녀관에서 시작된 이화 의료의 역사가 138주년을 맞았습니다. 이화 의료의 역사는 곧 우리나라 여성 의료의 역사이며, 동시에 우리 사회의 인권과 평등, 돌봄과 책임이라는 사회적 가치를 실천해온 여정이기도 합니다. 보구녀관에서부터 시작한 이화의료원의 138년은 여성을 위한 진료뿐만이 아니라 여성에게 의학교육의 기회를 열어주고 여성의 전문성과 사회적 역할을 확장해온 시간이었습니다.

138년간 걸어온 이화 의료의 걸음은 단순한 '최초'가 아닌 지속적인 헌신과 혁신을 통해 '최고'를 지향해온 여정입니다. 이 책에 소개되는 의사, 간호사, 약사 등 수많은 의료인들은 그들의 활동을 통해 시대를 바꾸고, 사람을 살렸던 선각자들이었습니다. 또 이화여자대학교 의과대학과 간호대학, 보구녀관과 볼드윈 진료소, 릴리안해리스기념병원, 이대동대문병원을 거쳐 오늘의 이대목동병원과 이대서울병원 등 이화의 의료기관들에서 오랜 세월 동안 이어온 교육과 진료, 연구의 발자취는 단순한 기관의 역사를 넘어 사회 정의와 의료의 공공성을 실현해온 소중한 자산이자 미래 세대에게 전할 귀중한 유산입니다.

『한 걸음 더 다가간 이화 의료 이야기』는 2022년 발간된 『이화 의료 이야기』에서 담지 못했던 인물과 사건, 공간들을 입체적으로 조명하며, 이화가 한국 근대 여성 의료의 선구자로 걸어온 길을 한층 풍성하게 보여주고 있습니다. 이 책을 통해 이화 의료의 여정이 널리 알려지고, 새로운 백 년을 향한 지표를 마련하는 계기가 되기를 바랍니다. 아울러 이 책이 이화를 아끼는 모든 이들에게는 자긍심을, 미래를 준비하는 이화인들에게는 사명감을, 의료 현장에서 묵묵히 헌신하는 모든 이들에게는 위로와 영감을 전할 수 있기를 기대합니다.

이 뜻깊은 작업에 정성과 지혜를 모아주신 이화의료원 역사편찬위원회에 감사드리며, 『한 걸음 더 다가간 이화 의료 이야기』가 한국 의료사 연구와 이화의 정체성 확립에 오래도록 기여하는 이정표가 되기를 바랍니다.

축사

강덕희
이화여자대학교 의과대학장

이화의료원 역사편찬위원회가 기획하고 엮은 두 번째 책, 『한 걸음 더 다가간 이화 의료 이야기』의 발간을 진심으로 축하드립니다.

이 책은 이화의료원의 찬란한 역사와 그 속에 숨겨진 이야기들을 더욱 깊이 있게 조명하고자 하는 열정과 헌신의 산물입니다. 1887년 보구녀관의 창설로 시작된 이화 의료와 이화 의학 교육의 여정은 단지 '여성 최초'라는 수식어에 머무르지 않고, 한국 의료의 틀을 바꾸고 시대의 경계를 허물며, 인류의 건강과 존엄을 지키기 위한 도전과 실천의 역사로 이어져 왔습니다.

이번 책은 앞선 첫 번째 편찬물에 이어, 미국 감리교 여성해외선교회와 보구녀관, 볼드윈진료소, 릴리안해리스기념병원, 동대문부인병원, 이화여대 부속병원 등 이화의료원 역사 속 주요 기관들을 중심으로, 그 속에서 살아 숨 쉬었던 사람들의 삶과 기억, 제도와 공간, 그리고 시대별 변화 속에 깃든 이화 의료의 정신을 풍부하게 담아내고 있습니다. 글마다 담긴 의학교육과 진료, 간호, 병원 공간의 변화와 문화, 그리고 각 시대를 관통하는 의료인들의 목소리는 이 책을 단순한 연대기의 기록을 넘어선, 생생한 역사적 증언으로 만들어주고 있습니다.

저는 이 책의 시작이 되었던 연재물의 원고들을 처음 접했을 때의 감동을 아직도 잊을 수 없습니다. 제가 초등학교 학생이었던 시절, 어린이들에게 사랑받았던 '세상에서 가장 ○○한 이야기' 전집을 혹시 기억하시는지요. '세상에서 가장 재미있는 이야기', '세상에서 가장 신기한 이야기', '세상에서 가장 무서운 이야기' 등 다양한 제목을 단 그 책들처럼, 『한 걸음 더 다가간 이화 의료 이야기』는 세상에서 가장 신기한 이야기, 가장 아름다운 이야기, 가장 감동적인 이야기, 가장 용감한 사람들의 이야기와 가장 마음 따뜻한 이야기들로 가득 차 있습니다. 142년 전 미국 오하이오의 한 작은 도시에서 열린 W.F.M.S. 회의에서 조선이라는 이름조차 낯설었던 나라의 여성을 위해 자신의 전 재산 88달러를 기부한 루신다 볼드윈 여사의 숭고한 마음. 그리고 사명을 안고 머나먼 조선 땅으로 향한 용감한 여의사와 선교사들의 결단. 그렇게 시작된 이야기가 오늘날 첨단 의학교육과 연구를 통해 글로벌 의료기관이자 의과대학으로 성장한 발자취로 이어졌습니다. 이 감동적인 여정을 이 책만큼 섬세하게, 또 따뜻하게 전해주는 기록은 다시 없을 것입니다. 무엇보다 이 뜻깊은 기록 작업은 과거를 돌아보는 데 그치지 않고, 우리가 함께 그려나가야 할 미래를 설계하는 데 귀한 통찰을 제공합니다. 이화 의료의 전통을 이어가는 우리 모두가 이 한 권의 책 속에서 한 사람의 이야기, 한 장의 기억을 소중히 품고, 새로운 시대의 이정표를 세워 나가는 데 큰 영감을 얻기를 기대합니다.

마지막으로, 이 지난한 작업을 헌신적으로 이끌어주신 유경하 의료원장님을 비롯한 이자형 간호대 명예교수님, 임선영 선배님, 심기남 보구녀관장님 등 역사편찬위원회 위원님들, 자료 정리를 위해 수고해주신 홍연주 선생님, 그리고 귀한 기억과 자료를 나누어주신 이화의료원 구성원 여러분께 깊이 감사드립니다. 다시 한번 『한 걸음 더 다가간 이화 의료 이야기』의 발간을 진심으로 축하드리며, 이 책이 이화의료원의 정신과 가치를 길이 전하는 소중한 자산이 되기를 기원합니다.

차례

여성에 의한 여성의 구원을 꿈꾼 W.F.M.S.의 거룩한 행보

여러분, 은둔의 나라 조선에도 선교의 문이 열리도록 기도해 주세요. 오늘 저는 얼마 안 되는 돈이나마 선교회에 맡기겠습니다. 때가 되면 조선 여성을 위해 써주세요.

1883년 9월 미국 오하이오주 라벤나에서 열린 미국 감리교 여성해외선교회The Woman's Foreign Missionary Society of the Methodist Episcopal Church(이하 W.F.M.S.로 표기) 지부 회의에서 인도와 일본 여성을 위한 지원이 한창 논의되던 와중에 루신다 볼드윈 여사Lucinda B. Baldwin가 일어나 한 말이다.

당시는 전 세계 수많은 여성의 삶을 구원한 W.F.M.S.의 첫 여성 선교사가 인도 땅을 밟은 지 13년이 지난 때였다. 당시 볼드윈 여사가 어떻게 동아시아의 작은 나라를 알고 이야기를 꺼냈

라벤나에 위치한 볼드윈 여사의 묘소

출처 『큰 별 되어 조선을 비추다』

는지는 알기 어렵다. 그저 그보다 한 해 전인 1882년 조미수호통상조약이 체결되었고, 그해 윌리엄 그리피스William E. Griffis가 펴낸 『은자의 나라 조선*Corea: the Hermit Nation*』이라는 책을 통해 구한말 조선의 존재가 알려지지 않았을까 추정해볼 뿐이다.

한 가지 확실한 것은 볼드윈 여사가 내놓은 88달러의 기부금이 어둠 속에 있던 조선이라는 나라에 한 줄기 빛을 내렸다는 사실이다. 그 빛은 스크랜튼 대부인Mary F. Scranton을 한국 땅으로 인도해 이화학당과 보구녀관을 설립하도록 했다. 그리고 그 이후 우리가 알고 있는 모든 기적이 가능해졌다.

아펜젤러Henry G. Appenzeller 선교사의 집사였던 김홍택의 셋째 딸 점동은 W.F.M.S.가 있었기에 국내 최초의 여성 의사 박에스더가 될 수 있었다. 점동은 열 살에 이화학당에 들어가 선진교육을 받을 기회를 얻었다. 또 로제타 셔우드 홀Rosetta Sherwood Hall의 도움으로 미국 유학 중 W.F.M.S.의 후원금을 받았다. '로제타'라고 이름 지었던 어린 딸의 사망, 그리고 남편의 사망까지 인고의 시간을 거친 점동은 한국인 최초로 여의사 '박에스더'가 되어 W.F.M.S. 파송 의료선교사로서 조선에 돌아왔다. 그리고 매년 수천 명의 환자들을 돌보며 자신이 받은 은혜를 갚았다. 'W.F.M.S.가 심은 기적의 증거'인 박에스더는 1902년 다음과 같이 감사를 표했다.

이 외방전도회W.F.M.S. 한 지가 비록 30여 년이지만 한 일을 생각하면 참 신기하도다. 두 부인께서 설립하신 회가 이처럼 크게 되어 각국에 400여 부인을 보내시고 학교와 신문사를 설립하여 여인의 지식을 넓게 하시니 참 감사하도다. (…) 믿음이 겨자씨만큼 있는 자 능히 산이라도 옮기리라 하신 말씀이 참 같다.[1]

이처럼 전 세계 수많은 여성의 삶을 구원한 W.F.M.S.의 시작은 1869년 미국 보스턴의 한 작은 교회에서 비롯되었다. 그해

---

1 에스터박씨, "미국부인이 외방전도회 설시함", 『신학월보』, 1902.12.

3월 23일 비바람을 뚫고 트레몬트스트리트교회Tremont Street Church에 모인 여인들은 목사인 남편과 함께 사역을 위해 10년 간 인도에 머물렀던 파커 부인Mrs. E. W. Parker으로부터 인도 여성들의 비참한 삶에 대한 이야기를 듣고 마침내 하나의 결론에 이르렀다.

오직 여성만이 그곳의 여성에게 접촉할 수 있다. 크리스찬 여성이 인도에 가지 않는 한, 인도를 선교할 수 없다.

그렇게 교회 여신도 여덟 명은 힘을 모아 독신 여성을 인도 현지에 선교사로 파견하는 데 뜻을 모았다. W.F.M.S.의 시작이었다.

타국 여인들의 삶을 구해야 한다고 뜻을 모으긴 했지만, 그들 스스로도 이름 없이 '누군가의 부인'으로 불릴 뿐이었다. 미국 최초의 여의사 엘리자베스 블랙웰Elizabeth Blackwell이 탄생한 것이 불과 20여 년 전인 1847년이었다. 자신의 이름조차 쓰지 못하는 여성이 많았고, 교육받은 여성도 결혼하면 집 안에서 육아와 가사에 전념해야 했다.

그럼에도 미국 사회는 변하고 있었다. 1861년 남북전쟁이 발발하자 남성들은 전쟁터로 몰려갔고, 기존에 남성들이 하던 일을 여성들이 도맡았다. 여성의 교회활동이 활발해졌고 신앙심과 사명감이 커졌다. 4년 뒤 전쟁이 끝나고 남성들이 복귀하며

W.F.M.S.의 설립자들. 왼쪽부터 Mrs. Thomas Rich,
Mrs. E. W. Parker, Mrs. Thomas Kingsbury,
Mrs. William Butler, Mrs. William Merrill, Mrs. Lewis Flanders

출처 *The Story of the Woman's Foreign Missionary Society of the Methodist Episcopal Church, 1869-1895*

설 자리를 잃은 여성들은 본인보다 더 어려운 여성들을 향해, 해외선교로 눈길을 돌렸다.

그들은 "옷값을 아껴서라도" 해외로 여성 의료선교사를 보내야 한다고 결의했다. "진심으로 기도하며 주 예수 그리스도께서 이 모임의 주춧돌이 되시기에, 모임은 성공할 수밖에 없다"고 믿었다. 1903년 기록에 따르면 W.F.M.S.는 인도뿐만 아니라 중국, 일본, 아프리카, 불가리아, 필리핀 등지에 265개의 선교단을 파견했다. 그곳에서 여성을 위한 중등 및 고등 교육기관, 신학교

등을 설립하고 병원과 시약소를 운영했다.

이름 없는 여성들의 푼돈에서 시작된 W.F.M.S.는 미국의 여러 선교회 중에서도 가장 두드러진 성과를 얻었다. 여성들의 간절함이 이룬 성과였다. 1890년 보구녀관에 온 두 번째 의료선교사 로제타 셔우드 홀은 입국 직후 가족들에게 보낸 편지에서 W.F.M.S.에 대한 강한 믿음을 고스란히 남겼다.

> 나는 여기에 도착하자마자 곧 가지고 있던 돈을 다 털어 약품을 주문했다. 그러나 기구를 더 살 돈이 오리라는 것을 의심하지 않는다. 우리가 필요할 때 도와주는, 은행과 같은 리버티의 내 친구들에게 감사한다.[2]

---

2 셔우드 홀, 『닥터 홀의 조선회상』, 김동열 옮김, 좋은씨앗, 2009, pp.79-80.

한국 여성의학교육의 첫 걸음, 로제타 셔우드 홀의 마이 걸스

내가 '내 아이들'이라고 부르며 병원에서 훈련시키고 있는 특별한 친구들이 있습니다.[1]

로제타 셔우드 홀은 1891년 이화학당의 신학기가 시작되기 전 '의료보조훈련반Medical Assistance Training Class'을 조직하고 당시 학당에서 가장 영어를 잘하는 아이들에게 약물학과 생리학을 가르치기 시작했다. 에스더와 봉순, 수잔, 애니, 오와가가 그 대상이었다. 여기에 여메례까지, 로제타는 이들을 '마이 걸스my girls'라 부르며 각별히 아꼈다. 기초의학교육이 시작된 지 얼마 되지 않아 소녀들은 신체 외부 골격과 피부, 뼈에 대해 배웠고 직

1 박정희, 『닥터 로제타 홀』, 다산초당, 2015, p.191.

접 수술을 돕는 수준에까지 올랐다.

최근에 언청이 수술을 두 번 했는데 (…) 나는 이 두 건의 수술을 사라와 에스더 둘만의 도움으로 진행했다. 잠깐 한 동맥에서 피가 솟구쳐 우리에게까지 튀었는데 에스더가 용감하게 피를 스폰지로 닦아내고 지혈 겸자를 들어주었다.[2]

로제타에게 최초의 서양식 근대 의학교육을 받은 대표적인 학생은 바로 점동, 훗날 최초의 조선인 여의사가 되는 박에스더다. 박에스더는 로제타의 '마이 걸스' 중에서도 특히 두각을 나타냈다. 의학교육이 시작된 지 얼마 지나지 않아 로제타 셔우드 홀은 "박에스더가 훌륭한 의사가 될 진정한 용기를 충분히 갖고 있다"고 평가했다.

에스더는 생각이 아주 빠르다. 내가 환자들에게 필요한 질문을 다 하고 증상을 모두 확인할 때쯤이면, 이미 그녀는 내가 어떤 약을 처방할 것인지 알고 있다.[3]

---

2 『로제타 홀 일기』, 1891년 3월 12일.
3 『로제타 홀 일기』, 1891년 3월 29일.

로제타가 사랑한 또 다른 소녀는 바로 여메례다. 여메례의 부모는 "이 아이는 집에서 키우면 일찍 죽는다"는 점괘에 겁을 먹고 아이를 스크랜튼 대부인에게 양녀로 보냈다. 여메례의 아버지는 한 남성에게 돈을 받고 아이를 첩으로 보내겠다고 약속까지 했다. 로제타는 여메례의 부모에 대해 "매우 무식하고 장점이라고는 하나 찾을 수 없는 종류의 사람들로, 그들은 열두살 난 딸을 조선인 부자에게 첩으로 팔았다"며 분노를 표출했다.

여메례는 이화학당에서 공부하며 세례를 받았고, '메리'라는 세례명을 얻었다. 그는 보구녀관을 찾은 환자를 예진하고 로제타 곁에서 수술을 보조하는 등 의료 보조 역할을 했지만, 간호사나 전도부인으로서의 역할에서 더욱 두각을 드러냈다. 훗날 여메례는 고종의 후궁 엄귀비嚴貴妃의 뜻을 따라 근대식 여학교인 '진명여학교'의 설립을 맡았다. 영어에 능통했기에 어전통역관으로도 활동했으며, 전국을 순회하며 여성계몽 강연회를 열기도 했다.

마이 걸스 중에는 일본인도 있었다. 1890년 한양에서 일하는 아버지를 따라 조선으로 건너온 오와가는 이화학당에서 공부를 하게 됐다. 점동과 단짝이었던 그는 로제타에게 꼭 필요한 도우미였다. 조선 소녀들은 낮에 나들이를 다닐 수 없었기 때문에 낮에는 일본인인 오와가가 함께 다니며 통역을 했다.

로제타는 "점동과 오와가를 진료소로 내려오라고 하여 약

마이 걸스(1894. 4) 왼쪽부터 여메례, 노수잔, 박에스더

출처 『닥터 로제타 홀』

을 저울에 달아 조제하고 투여하는 법, 숫자 계량법, 온스의 용량, 가루약을 용량에 맞춰 분배하는 법 등을 가르쳤다. 점동이 수학을 좀 더 빨리 이해하고 양의 계산을 잘하는 반면 오와가는 좀 더 깔끔하고 정확하게 해낸다"고 평가했다. 훗날 오와가는 결혼 후 일본으로 돌아갔는데, 로제타는 오와가와 나가사키長崎에서 만나기도 하고 편지를 주고받기도 하며 인연을 이어나갔다.

봉순은 어머니와 함께 이화학당에 들어온 소녀다. 딸은 이화학당 학생으로, '봉순 오마니'는 보구녀관에 머물며 진료소의 보조와 전도사로 일했다. 과부였던 '봉순 오마니'는 1891년 1월 '사라'라는 세례명을 받으며 드디어 자신만의 이름을 가진 여성이 됐다. 그는 이화학당에서 근무한 이경숙과 함께 자신의 능력으로 근대적인 교육기관에 고용돼 급여를 받은 최초의 직장여성이라는 평가를 받는다. 노수잔은 결혼하지 않고 보구녀관, 광혜여원 등에서 로제타의 선교사역을 도와주는 동반자 역할을 한 것으로 알려진다.

이처럼 로제타가 사랑으로 가르친 귀한 소녀들은 훗날 조선인 최초의 여의사와 교육자, 종교인 등으로 성장했다. 로제타 셔우드 홀은 조선 소녀들에게 배움과 의로움, 주체적인 삶을 선물했고 그 삶은 이화 안에서 큰 꽃을 피웠다.

미신과 무지로 고통받던 조선 여성들을 치료한 여의사들

매일, 매주, 매달 육체적인 고통이 우리에게 쏟아졌을 뿐 아니라, 마음의 고통, 가난, 더러움, 누더기, 인류가 물려받은 모든 불행한 일들이 우리에게 벌어졌다.[1]

보구녀관이 문을 열던 당시 조선 여성들의 삶은 비참했다. 여성들은 "남성 의사에게 몸을 보이느니 차라리 죽는 게 낫다"는 사회 분위기 속에 지위고하를 막론하고 제대로 된 치료를 받지 못했다. 당시 여의사들의 눈에 비친 조선 여성들의 비참한 삶을 살펴보자.

---

1 M. Stewart and N. Anderson, "Medical Report of Lillian Harris Memo-rial Hospital", *Annual Report of Korea Woman's Conference of the Methodist Episcopal Church*(이하 *KWC*로 표기), 1915.

우리는 양반집의 우아한 응접실로 안내받았다. 놋쇠 재떨이에 담배를 가져왔다. 집의 남성은 '당신들의 도움이 필요한 여자의 얼굴을 가리고 응접실 뒤편으로 데리고 올텐데 그녀가 당신들을 보지 못하도록 그녀가 지나가는 동안 부디 방을 나가 있어달라' 부탁했다. 남편은 아내의 눈에 검은 안경을 쓰게 했고 벗기지 말라고 했다. (…) 남편은 '비록 나는 두렵지 않지만, 아내는 안방에 있는 외국인의 존재가 귀신의 기분을 상하게 해서 가문에 화를 불러오지 않을까 두려워한다'고 말했다.[2]

진료해줄 의사를 찾을 수 없고 제대로 된 치료 방법도 모르던 여성들은 온갖 비과학적인 해결책에 매달렸다. 민간요법을 따라 얻기 쉬운 약재로 약을 만들어 먹는 것이 일반적이었는데, 이 때문에 치료 시기를 놓치고 병을 악화시키는 경우도 많았다.

염증이 생긴 관절을 치료하는 전통적인 방법의 하나는 하수구의 흙과 섞은 달걀 반죽이다. 우리가 붕대를 감기 전에 이것을 세척하는 데만 몇 시간이 걸린다. 우리의 치료방법은 그들을 크게 놀라게 한다. 종기처럼 불결한 것을 세척한다는 생각을 그들은 결코

2 E. Ernsberger, "Woman's Hospital and Dispensary, Chong Dong, Seoul", *KWC*, 1901.

한 적이 없었다. 사람들은 급성 편도선염은 뜨거운 돼지고기나 개고기로 만든 국이 완화시켜준다고 말한다.[3]

한 여성이 클로로포름Chloroform(흡입 전신마취제)을 사러 왔다. 그녀는 어린 여자아이의 몸속 임파선을 치료하기 위해 아이를 마취시키고, 아이의 목에 왁스를 바른 후 구멍을 뚫어서 그 속에 끓는 기름을 붓는 다소 과격한 방법을 쓰려 한다고 했다. 두말할 필요도 없이 우리는 약을 판매하지 않았다.[4]

미국에서 공부를 하고 돌아온 최초의 한국인 여의사 박에스더는 조선 가정에 퍼진 미신과 무속, 해괴망측한 치료법에 절망했다. 의사로서 싸워야 하는 것은 단순한 질병만이 아님을 깨달았다. 뿌리 깊은 미신과 무지도 함께 개선하고 계몽시켜야 했다. 박에스더와 여성 의사들은 조선 여성들의 육신의 병뿐 아니라 마음의 불안과 두려움까지 치료해나갔다.

집에 도착했을 땐 이미 장례 준비가 끝나 있었다. 내가 너무 늦게 왔다고 말했지만, 아직 맥박이 뛰고 있었다. 서둘러 강장제를 투

---

3 E. K. Pak, "Chong Dong Dispensary, Seoul", *KWC*, 1902.
4 E. Ernsberger, "Baldwin Dispensary and Chapel, East Gate", *KWC*, 1902.

여하기 위해 준비하는데, 놀랍게도 그녀의 입 안에 생쌀이 채워져 있음을 발견했다. 그녀의 영혼이 저승길에 갈 때 사용하라고 넣어 둔 것이었다. 쌀을 제거한 후 그들이 이 쌀을 조심스럽게 보관하는 것을 보고 깜짝 놀랐다. 이유를 묻자, 그 쌀이 말라리아 특효약이라고 대답했다.[5]

사람들은 죽음에 대한 두려움 때문에 극심한 고통을 경험했다. 많은 이들이 콜레라 전염병을 막기 위해 대문에 고양이 그림을 붙였는데, 이 그림이 자기 집으로 악령이 들어오지 못하도록 막아줄 것이라 믿었다. 콜레라는 '쥐병'으로 알려졌는데 고양이가 쥐보다 더 강한 동물이자 천적이어서 그림이 병을 멀리해줄 것으로 생각한 것이다.[6]

박에스더 등 여성 의료인들의 헌신적인 치료와 기적적인 성과가 입소문이 나며 점차 많은 사람들이 서양의학에 관심을 가졌다. 보구녀관 여의사들은 '죽은 사람도 살려낼 수 있다'고 소문이 났다. 몰려드는 환자들 때문에 일주일에 단 하루도 온전히 쉬지 못할 정도로 헌신했다. 황메리, 김마르다 등 보구녀관에 상

---

5 E. K. Pak, "Chong Dong Dispensary, Seoul", *KWC*, 1902.
6 E. K. Pak, "Chong Dong Dispensary, Seoul", *KWC*, 1903.

1899년 한국에서 활동하던 W.F.M.S.의 선교사들.
이 중 네 명이 의료선교사들로 왼쪽 끝에 릴리안 해리스(윗줄)와 메리 커틀러(아랫줄),
오른쪽 끝에 엘라 루이스(윗줄), 로제타 홀(아랫줄)이 있다.

출처 GCAH

주하는 전도부인들은 대기하는 환자들에게 신실한 복음을 전하며 하나님의 가르침을 전했다. 이들은 미신과 무지로 고통받던 조선 여성들의 몸과 마음까지 치료해주었다.

1890년대 말 찍은 것으로 추정되는 W.F.M.S.의 동대문 선교지구 모습.
왼쪽에 1892년 지어진 볼드윈진료소(좌)와 볼드윈예배당(우)이 보인다.

출처 GCAH

스크랜튼 모자의 동대문 사역 공간 확보과정

18.6km의 한양도성 순성길을 따라 걸으면 한양도성 안팎으로 펼쳐진 서울의 모습을 즐길 수 있다. 이러한 한양도성 구간 가운데서도 가장 탐방 난이도가 낮은 낙산 구간 시작 지점인 흥인지문 공원 언덕에는 옛 이대동대문병원 건물 일부(현 서울디자인지원센터)가 남아 있다. 이화의료원의 역사 중 26년간의 정동 보구녀관 시절이 뿌리라면 116년의 시간을 보낸 동대문 지역은 단단한 중심 줄기를 형성한 시절의 이야기를 담고 있는 공간이라고 할 수 있다. 그렇다면 이화의료원의 동대문 지역 역사는 어떻게 시작되었을까?

1892년 성탄절, 동대문 성벽 안쪽 기와지붕에 벽돌로 지어진 한옥 건물에서 윌리엄 스크랜튼William B. Scranton의 주관으로 남녀 교인들이 모여 예배를 드렸다. 비록 가운데에 남녀 자리를 구분하는 칸막이는 있었지만 조선 땅에서 남녀가 한 지붕 아래에 모여 함께 예배를 드리는 첫 순간이었다. 그리고 이 역사적인 일이 일어난 곳이 바로 동대문 볼드윈예배당이다.

1885년 조선에 들어와 정동에서 시병원을 운영하며 의료 선교 사역을 하고 있던 스크랜튼 의사 겸 목사는 1887년 여름부터 가난하고 소외된 사람들이 사는 곳에 '선한 사마리아인 병원'을 세우려는 계획을 수립했다. 그리고 한양과 그 주변 공간들을 살펴본 결과 서대문 밖 애오개, 동대문 성벽 안쪽 언덕, 남대문 안 세 곳이 자신의 뜻에 부합하는 공간들이라는 결론을 내렸다. 선한 사마리아인 병원 설립 계획에 대한 선교본부의 승인을 얻은 스크랜튼 의사는 본격적으로 부지 매입에 나섰고, 1888년 애오개, 1890년 남대문, 그리고 1892년 마지막으로 동대문에서 사역을 시작했다.

조선시대 동대문 안쪽 지역에는 훈련원, 하도감 등의 군사 시설들이 자리 잡고 있었기에 군인들과 그 가족들이 많이 거주했다. 조선 초기 군인들은 최상급의 면포를 월급조로 받고 있었지만 세월이 흘러도 봉급은 그대로였기 때문에 곤궁한 생활을 할 수밖에 없었다. 이에 조선 정부는 미봉책으로 군인들에게 장사를 할 수 있는 권한을 주었고 이들은 봉급으로 받은 면포를 가공해 섬유상품을 만들어 팔며 생계를 유지했다. 또 동대문 밖에는 넓은 밭이 있어 도성 안에서 소비되는 채소와 과일들을 재

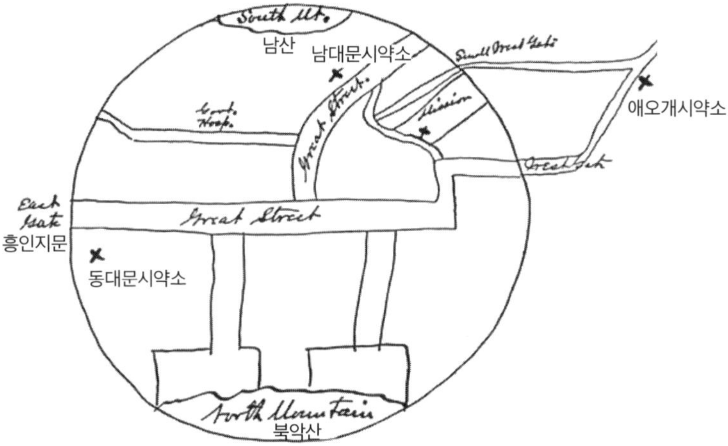

스크랜튼 의사가 그린 '선한 사마리아인 병원'의 위치

출처 W. B. Scranton to C. H. Fowler (1889.9.3)

배·판매하여 근근히 먹고사는 가난한 백성들이 동대문 안팎으로 많이 모여 살았다.

이처럼 생활이 힘든 백성들이 살고 있던 동대문 지역은 스크랜튼이 추구한 '선한 사마리아인' 선교사업을 진행하기에 적합한 공간이었다. 스크랜튼이 동대문에서 주일 집회를 실시하자 어머니 스크랜튼 대부인이 힘을 보태기 시작했다. 이화학당의 설립자이자 조선에 여의사 파견을 요청해 우리나라 최초의 근대식 여성병원인 보구녀관이 설립되는 데 기반을 마련한 스크랜튼 대부인은 1892년 아들이 확보했던 기존 동대문 성벽 바로 안쪽 부지의 서쪽에 위치한 1천 평 이상의 넓은 공간을 확보하고 가을

부터 이곳에 진료소와 예배당을 짓기 시작했다.

이렇게 동대문에 지어진 진료소와 예배당은 'Baldwin Dispensary', 'Baldwin Chapel'이라 명명되었는데, 당시 선교사들은 이 공간을 다음과 같이 소개하고 있다.

> 볼드윈예배당이 동대문에 건축되고 있다. 이것은 오하이오에 사는 여성의 선물로 그의 이름을 따서 명칭을 붙였다. 예배당과 연계하여 진료소도 있는데 여성 의사가 맡고 있다. 이것은 금년 연회 이후 시작한 신규 사역이다.[1]

> 이 예배당(볼드윈예배당)은 한국 여성 사역을 위해 처음으로 기부금을 냈고, 이 예배당 건립에도 기금을 낸 오하이오주 클리블랜드의 볼드윈 여사의 선물을 기념하여 이름이 붙여졌다.[2]

> 이 진료소(볼드윈진료소)는 그것을 짓는 데 도움을 주었고, 한국 여성들을 위한 일을 시작하는 데 첫 기금을 낸 여성을 기념하기 위해 이름이 붙여졌다.[3]

---

1 W. B. Scranton's letter to Dr. A. B. Leonard (1892. 12. 21).

2 "Baldwin Chapel", *Annual Report of the Board of Foreign Missions of the Methodist Episcopal Church*, 1893.

3 R. S. Hall, "Woman's medical mission work in Seoul, Korea", *Heathen Woman's Friend*, 1893. 7.

즉 미국 오하이오주 클리블랜드에 거주하는 볼드윈이라는 여성이 스크랜튼 대부인이 확보한 동대문 부지에 지어지는 예배당과 진료소에 기부를 했기 때문에 그녀를 기념하고 기억하기 위해 예배당과 진료소에 '볼드윈'이라는 이름을 붙였다는 것이다. 그런데 선교사들의 기록에도 언급되었듯이 볼드윈 여사의 이 기부는 그녀가 한국을 위해 처음으로 한 기부가 아니었다. 이미 그녀는 1883년 W.F.M.S.에 아직 시작되지도 않은 한국 선교를 위해 언젠가 써달라며 88달러를 기부한 바 있었다. 그리고 이 종잣돈이 바탕이 되어 1885년 스크랜튼 대부인이 한국에서의 사역을 시작할 수 있었던 것이다.

당시 스크랜튼 모자가 확보한 동대문 지역 부지의 정확한 위치와 면적은 1912년 『토지조사부』의 기록을 통해 확인할 수 있다. 이 자료를 보면 종로6정목 65번지 827평의 소유자는 감리교회, 72번지 1,933평의 소유자는 미국 감리교회 부인선교부로 나와 있다. 또한 1913년 당시 경성부 종로6정목의 『지적원도』를 살펴보면 65번지와 72번지에 번지수와 함께 교회 소유라는 '敎(교)' 표기가 병기되어 있다.

스크랜튼 모자의 동대문 지역 부지 확보와 볼드윈 부인의 건축기금 기부는 한양 도성 서쪽에 있던 보구녀관에서 시작된 여성과 아동에 대한 전문적인 진료가 반대편인 동쪽 지역으로 확대·성장하는 계기가 되었을 뿐 아니라 이화의료원의 동대문

『토지조사부』(1912)

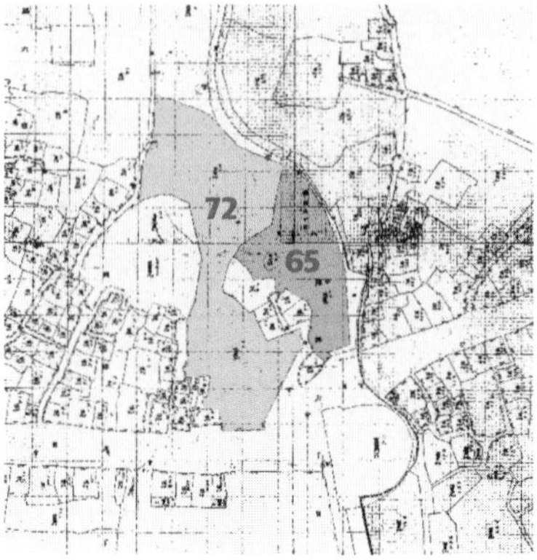

『지적원도』(1913)

시대가 본격적으로 출발하는 중요한 전환점이 되었다. 이화의료원 동대문 지역 역사를 기억함에 있어 이 공간이 마련되기까지 헌신했던 스크랜튼 모자의 노고를 잊지 말아야 할 것이다.

42년간 조선 여성을 위해 헌신한 의사 메리 커틀러

커틀러 의사는 의사이자 건축가일 뿐 아니라 넓은 마음을 지닌 유능한 여성으로, 해야 할 일이라면 어떤 일이든 시도할 준비가 되어 있는 사람이다.[1]

42년간 조선 여성들을 위해 헌신한 의사 메리 커틀러Mary M. Cutler는 독실한 감리교인이었던 아버지 존 아이작 커틀러John I. Cutler의 영향을 많이 받았다. 메리 커틀러는 "여성 스스로 삶을 지탱할 수 있어야 한다"는 아버지의 가르침에 따라 1884년 남녀공학인 미시간의과대학에 진학했다. 당시 여성으로서 이 대학에 진학한다는 것은 쉬운 일이 아니었다. 미국에서 남녀공학으로

1 "Mary M. Cutler, 1921", W.F.M.S. Personal Cards.

의학교육이 시작된 건 불과 10여 년 전인 1870년이었고, 그마저도 강의실에서 남학생과 여학생을 나누어 수업했다. 일부 과목은 여학생에게 '어울리지 않는다'며 수강할 수 없게 했다. 하지만 메리 커틀러는 이러한 낡은 관념에 맞서 대부분의 여성 의과대학생이 산과産科를 택하는 것과 달리 내외과內外科를 전공으로 택했다. '여성 의사는 여성 환자만을 다루어야 한다'는 사회적 통념에 도전하기 위해서였다.

1893년 조선에 도착한 메리 커틀러는 간호사 엘라 루이스Ella A. Lewis와 함께 보구녀관을 책임졌다. 커틀러는 보구녀관에 상주하면서 진료뿐 아니라 각종 병원 업무, 간호사 업무, 병원 재산에 대한 보수 등의 일까지 맡았다. 한양 밖 35리(약 14km)까지 왕진을 가는 일도 허다했다. W.F.M.S. 한국 연례보고서에 따르면 메리 커틀러는 일주일 동안 산고를 겪고 있는 여성을 구하기 위해 20마일(약 32km)이 넘는 거리를 달려가 "외국인에게 치료받는 것이 죽음보다 부끄럽다"며 거절하는 산모를 끝까지 설득해 목숨을 구하기도 했다.

1900년 첫 안식년 휴가를 맞은 메리 커틀러는 미국에 돌아가서도 조선 의료선교를 위해 일했다. 미국 전역을 돌아다니며 조선의 의료 상황에 대해 연설했고, 오하이오에서는 "조선이라는 작은 나라에서 간호사 양성을 맡아줄 간호원장을 애타게 기다린다"는 내용의 감동적인 연설을 했다. 이 연설을 들은 간호사 마가

1905년 보구녀관 간호원양성학교의 학생들과
마가렛 에드먼즈(좌), 메리 커틀러(우)

출처 GCAH

메리 커틀러와 평양 광혜여원 한국인 간호사 지원자들

출처 GCAH

렛 에드먼즈Margaret J. Edmunds가 W.F.M.S.에 지원했고, 1903년 두 사람은 함께 한국 최초의 간호사 양성기관인 보구녀관 간호원양성학교를 설립하게 된다. 조선 최초의 간호사 양성교육에는 학교 설립 후 교육과정을 운영하며 실질적인 교육을 수행한 마가렛 에드먼즈의 공로가 가장 크지만, 메리 커틀러의 초기 구상과 노력, 지원이 없었다면 이 모든 것은 불가능했을 것이다.

조선인 의료인 양성은 메리 커틀러의 꿈이자 목표였다. 그녀는 로제타 셔우드 홀과 함께 의학생 교육, 여성의학강습반 개설 등을 진행하고, 김해지·김영흥 등을 조선총독부의원 부속 의학강습소 청강생으로 편입시켰다. 메리 커틀러는 수많은 어려움 속에서도 "모범이 훈시보다 낫고, 낙숫물이 댓돌을 뚫는다"는 믿음으로 여자의학교 설립 및 여성 의사 양성을 위해 무던히 노력했다.

매년 3천 달러로 20명의 기독교 학생들이 의학교육을 받게 하고, 매년 4명의 졸업생을 배출하여 1천만 명의 여성과 어린이를 여성 의사들이 치료할 수 있게 한다면 그것은 결코 큰 금액이 아닙니다. 현재 한국에는 인구 2만 5천 명당 의사가 한 명뿐이고, 대부분 중심지에 개업했습니다. 전국에 여의사는 여덟 명, 여성병원은 두 곳에 불과합니다. 우리는 여전히 더 많은 병원과 의사가 필요합니다.[2]

---

2 Mary M. Cutler, "Woman's Hospital of Extended Grace and Medical

1925년 예순의 메리 커틀러는 새로운 사업을 시작했다. 미국 휴가를 다녀오는 길에 포드 트럭 한 대를 가지고 온 것이다. 커틀러는 이 차를 개조하여 아파도 병원에 오지 못하는 환자들을 찾아가 진료했다. "아픈 사람이면 누구나 의료 혜택을 받아야 하고, 의료 혜택이 최대한 많은 사람에게 닿아야 한다"는 믿음을 실천하기 위해서였다. 그녀는 1939년 재산 대부분을 나눠준 후 거의 빈손으로 고국으로 돌아갔고 1948년 사망했다. 메리 커틀러가 보여준 도전정신과 헌신, 그리고 강인한 추진력은 이화의료원이 오늘날까지 이어져 올 수 있었던 중요한 동력이 되었다.

Education for Korean Women", *KWC*, 1918.

개화기 서울에서 활동한 개신교 여성 의료선교사들

1887년 10월 메타 하워드Meta Howard 의사의 입국과 함께 한국 최초 여성 전문병원인 보구녀관 진료가 개시된 이래 개화기 조선에는 지속적으로 여성 의료선교사들이 입국해 활동했다. 감리교, 장로교, 성공회 등 파견의 주체는 여럿이었지만, 이들은 모두 당시 근대 의료 혜택에서 소외받고 있던 조선 여성들에게 의료적 도움을 주겠다는 공통의 목표를 가지고 있었다.

메타 하워드가 조선에 오기 한 해 전인 1886년 7월 애니 엘러스Annie J. Ellers가 제중원 부녀과를 담당할 여의사 자격으로 미국 북장로교를 통해 조선에 들어왔다. 사실 엘러스는 간호사 면허를 취득하고 보스턴에 있는 의과대학에 다니던 중 파견되었기 때문에 정식 의사는 아니었다. 그렇지만 엘러스는 제중원 부녀과를 담당하고 명성왕후의 주치의를 역임하며 1887년 11월에는 정2품 정경부인 직첩을 받기도 했다.

1887년 7월 자신의 조선 입국 동료였던 육영공원 교수 벙커Dalzell A. Bunker와 혼인한 엘러스는 1888년 의사업무에서 손을 뗀 이후 교육사업에 주력했다. 이후 남편 벙커가 이끌던 육영공원이 1894년 2월 폐교되자 이들 부부는 그해 가을 미국으로 돌아가 미국 북감리교에 한국 선교사 파송을 신청했다. 그리고 1895년 4월 부부는 미국 북감리교 선교사로 임명되어 6월 다시 한국 땅을 밟았다. 이들은 감리교가 운영하던 배재학당, 동대문교회 등에서 1926년까지 활발한 선교활동을 전개했다.

장로교에서 파견한 정식 첫 여의사는 릴리어스 호튼Lilias S. Horton이었다. 메타 하워드와 같은 시카고여자의과대학을 졸업한 그녀는 1888년 3월 조선에 도착했다. 이후 제중원 부녀과와 명성왕후 주치의 업무는 엘러스에서 호튼으로 넘어갔다.

엘러스를 이어 제중원 부녀과를 맡은 호튼은 이미 제중원에서 진료활동을 하며 한국 선교를 이어가고 있던 언더우드Horace G. Underwood 선교사와 1889년 3월 혼인했다. 그녀는 1889년 제중원 여의사직을 사직한 후 개인 진료소를 열어 의료사역을 이어가고자 했다. 그런데 이 시기는 메타 하워드가 보구녀관을 떠나고 아직 다음 여의사가 파송되지 않았던 때였다. 그래서 호튼은 자신의 진료소 개원 계획을 미루고 보구녀관에서 대신 일을 해주겠다는 제의를 할 정도로 여성 의료사역에 대한 강한 열의를 보였다. 실제 호튼이 보구녀관에서 진료를 하지는 않았으나 그녀가 이 같은 제안을 했던 것은 메타 하워드와 같은 시기 함께 시카고여자의과대학에서 공부를 했다는 인연, 서울의 여성병원이 여의사 부재로 중단되지 않기를 바라는 마음에서였지 않았을까 추측해본다.

이후 호튼은 자신의 집 일부를 활용해 진료소를 개설, 환자들을 다시 살폈으며 1893년에는 서대문 밖 모화관 근처에 진료소를 마련해 무료 진료를 했다. 그리고 이를 바탕으로 휴 오닐 2세 기념진료소, 프레드릭 언더우드 진료소 등으로 공간을 확장하며 여성과 어린이들에 대한 진료에 집중했다.

호튼이 제중원 부녀과를 떠난 후 1895년 여의사 조지아나 화이팅Georgiana E. Whiting이 파송되어 제중원 부녀과를 맡았다. 1897년에도 장로교에서는 여의사 메리 피시Mary A. Fish, 에바 필드Eva H. Field를 파견했고 이들 또한 제중원 부녀과에서 근무했다. 특히 에바 필드 의사는 W.F.M.S. 한국 연례보고서에 1899년부터 1902년까지 동대문 볼드윈진료소 진료를 도왔다고 기록되어 있다. 한편 이 세 명의 여의사 역시 한국에서 활동하던 중 이곳에서 만난 다른 남자 선교사들과 혼인을 하는데, 화이팅은 남장로교 선교 의사 오웬Clement C. Owen과, 피시는 북장로교 선교사 사무엘 마펫Samuel A. Moffett과, 필드는 북장로교 선교사 피터스Alexander A. Pieters와 혼인했다.

제중원은 1904년 미국인 부호 세브란스Louis H. Severance의 기부를 받아 남대문 인근 도동에 새로운 부지를 마련해 병원을 짓고 병원의 이름 또한 세브란스병원으로 개칭했다. 이 과정에서 부녀과를 폐지했고, 그에 따라 부녀과 진료를 위한 장로교의 여의사 파송도 더 이상은 없었다.

개항기 감리교와 장로교 외에도 영국 성공회가 한국에 진출한 이듬해인 1891년 10월 여의사 루이사 쿠크Louisa Cooke와 간호사 거트루드 히스코트Gertrude Heathcote를 파견했다. 엘러스가 간호사임에도 제중원에서 '의사' 역할을 했던 것을 감안하면, 히스코트는 한국에서 활동한 최초의 정식 서양인 간호원이었다.

성공회는 1890년 서울 정동 영국공사관 인근에 장림성당을 마련한 후 1891년 성당 부속 작은 건물에 장림병원Hospital of Advent을 열었는데, 쿠크와 히스코트가 1892년 3월에 이곳을 여성과 어린이를 위한 전문병원으로 정식 개원했다. 이후 이 병원은 1천 달러를 기부한 이사벨라 비숍Isabella B. Bishop의 도움으로 건물을 확장하고, 1892년부터 성베드로수녀회 수녀들이 입국해 병원 유지·관리 책임을 맡으면서 1895년 성베드로병원St. Peter's Hospital이라 불리게 되었다. 1896년 쿠크 의사가 떠나고 캐서린 알렌Katherine Allen 의사가 부임하여 진료를 이어갔던 이 병원은 1904년 러일전쟁의 여파로 의사 수급 문제 및 재정적 지원 결핍, 성공회 선교활동 노선의 변화 등의 어려움을 겪으며 문을 닫았다.

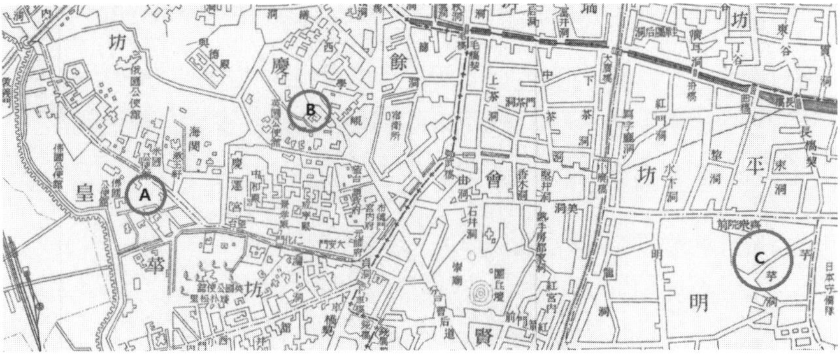

개화기 서울 근대식 병원의 위치.
A는 보구녀관, B는 성공회 성베드로병원, C는 구리개 제중원

출처 『한국경성전도』(1903), 서울역사박물관 소장

근대 의료가 한국 사회에 정착하던 시기 보구녀관을 비롯하여 제중원 부녀과, 성공회 성베드로병원 등이 운영된 것은 조선 여성과 아동의 건강 증진에 적지 않은 도움이 되었을 것이다. 다만 보구녀관을 제외하고는 그 운영이 1900년대 초 중단되었다는 것은 아쉬움이 남는 부분이다.

미지의 나라 조선에 와서 의료사역에 헌신했던 이들 여의사들의 노력은 기억되어야 할 일이다. 많은 기록이 남아 있지는 않지만 아마도 19세기 말, 20세기 초 서울에서 활동했던 여의사들은 종파를 초월하여 같은 지역에서 같은 일을 하고 있다는 공통점으로 서로 간에 크고 작은 교류를 하며 지내지 않았을까 짐작해본다.

로제타 셔우드 홀이 만든 한국 최초 한글 점자 교재

2023년 10월 개관한 이대서울병원 지하 1층 '이대동대문병원역사라운지' 빛기둥 옆 한쪽에는 역사라운지 조성에 뜻을 함께한 기부자들의 이름을 새겨놓은 도너월Donor's wall이 있다. 그런데 이 도너월에 새겨진 기부자들의 이름은 한글뿐 아니라 점자로도 표기되어 있다. 이렇게 기부자들의 이름을 점자로까지 표기한 것은 한국 최초로 특수교육을 시작한 로제타 셔우드 홀의 시각장애인에 대한 사랑을 기념하기 위해서이다. '한국 특수교육의 어머니'라고도 불리는 로제타 홀은 언제부터 이들에 대해 관심을 갖고 어떤 지원 활동을 했던 것일까?

1894년부터 남편 윌리엄 제임스 홀William J. Hall과 함께 평양에서 활동을 시작한 로제타 홀은 그곳에서 많은 시각·청각 장애인들을 만났다. 이 장애인들은 제대로 된 교육만 받는다면 자립

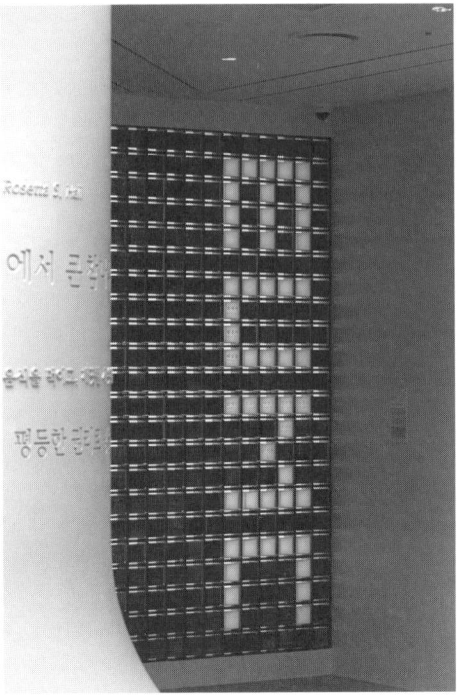

점자가 표기된
이대동대문병원역사라운지 도너월

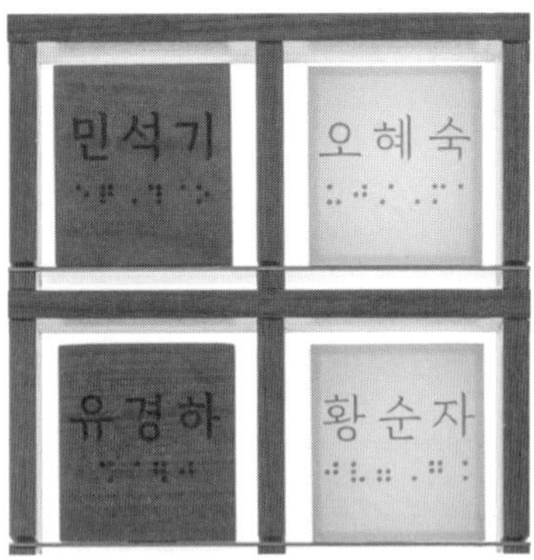

하여 사회의 일원으로 살아갈 수 있었지만, 당시 조선은 장애인들에 대한 특수교육이 체계화되지 못한 상황이었다. 로제타 홀은 눈먼 아이들을 돕기 위한 방도를 마련하고자 했으나 잘못하면 1888년 유포되었던 "의사들이 약을 만들기 위해 아이들의 눈을 뽑았다."라는 소문처럼 모함을 받을 수 있었기 때문에 선뜻 어떠한 행동도 하기가 쉽지 않았다.

이 같은 상황에서 로제타 홀은 평양의 독실한 개신교 신자였던 오석형의 딸 오봉래를 만났는데 그녀는 맹인이었다. 로제타 홀은 총명하고 배움에 대한 열정이 가득했던 오봉래를 위해 맹인교육에 대한 전문적인 지식을 습득해야겠다고 마음먹었다. 그러던 중 남편 윌리엄 홀이 평양에서 발발한 청일전쟁의 부상자들을 치료하다 발진티푸스에 걸려 1894년 11월 24일 사망하자 지친 심신을 추스르기 위해 미국으로 돌아갔다.

로제타 홀은 미국에서 남편을 잃은 슬픔을 이겨내며 다시 한국으로 돌아가 활동할 준비를 했는데, 그중 하나로 맹인교육을 위한 점자에 대해 알아보기 시작했다. 당시 점자는 프랑스의 루이 브라이Louis Braille가 1824년 개발한 6점식 점자와 미국의 윌리엄 웨이트William B. Wait가 1860년 개발한 '뉴욕 포인트New York Point'가 대표적이었다. 로제타 홀은 웨이트 원장을 직접 찾아가 점자 구조를 배우고 여러 점자와 비교한 결과 뉴욕 포인트가 한국어에 가장 적합하다는 결론을 내렸다. 그리고는 1897년 한국

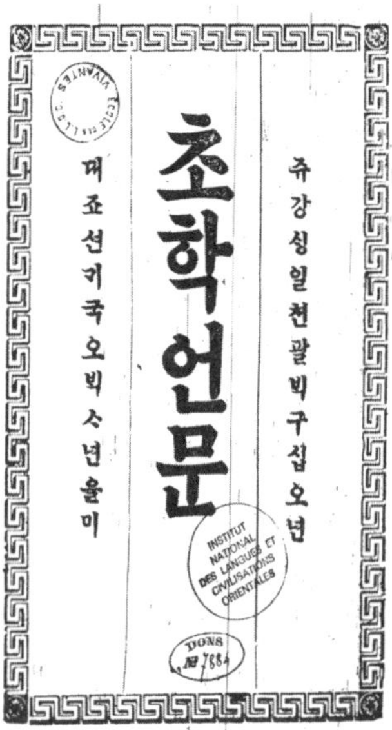

『초학언문』 초간본(1895)

출처 국립중앙도서관

『로제타 홀 한글점자 교재』 표지와 본문(1897)

출처 대구대학교 중앙박물관

으로 돌아와 뉴욕 포인트를 사용한 4점식 한글 점자를 개발해 기름 먹인 두꺼운 한지에 바늘로 구멍을 내어 한글학습교재인 『초학언문』의 일부를 점자책으로 만들었다.

『초학언문』은 1890년 10월 로제타 홀이 조선에 처음 입국했을 때 함께 파견되어 와 감리교 선교사로 활동하던 마가렛 벵겔 존스 부인Margaret J. Bengel Jones이 1895년 간행한 기독교 교리서이자 한글 학습서로 배재학당 교과서로도 사용 중인 책이었다. 아직 국민들을 대상으로 한글교육이 체계적으로 이루어지지 않았던 19세기 조선 땅에서 기독교 선교사들은 기독교 교리와 근대 세계에 대한 지식 보급을 위해 자체적으로 한글학습교재를 편찬해 사용하고 있었다. 따라서 한글의 기본적인 자음과 모음부터 학습해야 했던 맹인들에게 있어서도 『초학언문』은 유용한 교재였을 것이다.

『로제타 홀 한글점자 교재』라 불리는 이 점자책은 1926년 박두성朴斗星이 『한글점자 훈맹정음』(6점식)을 창안하기 전까지 시각장애인을 위한 교재로 사용되며 우리나라 시각장애인 특수교육에 있어 상징적인 의미를 갖게 되었다. 이에 문화재청은 2022년 이 책의 역사적 가치를 인정하여 국가등록문화재로 지정했다.

로제타 홀은 자신이 만든 점자책을 가지고 1898년 평양으로 가 오봉래를 가르치기 시작했다. 처음에는 진도가 느렸지만 일 년 만에 오봉래는 홀이 준비한 모든 교재를 읽을 수 있게 되었다. 오봉래가 읽고, 쓰고, 뜨개질까지 하자 많은 사람들이 놀라며 각자 자신이 아는 맹인 소녀들을 로제타 홀에게 소개했다. 그렇게 1900년 1월 평양 광혜여원 내 이디스 마가렛 어린이병동의 방 한 칸에서 한국 최초의 맹인학교가 출발했다.

헌신과 희생으로 조선 여성의 곁을 지킨 릴리안 해리스

1913년 6월 9일, 경성 동대문 언덕 위 4층짜리 멋진 붉은 벽돌집에 사람들이 모여들었다. 주변엔 온통 낮은 한옥들뿐이어서 이 높은 서양집은 금방 사람들의 눈길을 사로잡았다. 로제타 셔우드 홀, 언더우드, 에비슨Oliver R. Avison 등 조선에 머물던 거의 모든 선교사들이 들뜬 마음으로 벽돌집을 향해 발길을 옮겼다. 동대문 언덕 위에 들어선 새 건물은 병원으로, 미국 감리교 여성해외선교회는 이곳에 '릴리안해리스기념병원Lillian Harris Memorial Hospital'이라는 이름을 붙였다. 조선인들은 병원 이름을 발음하기 어려워 '동대문에 있는 부인병원'이라고 말할 수밖에 없었다.[1] 이

---

1 일제강점기 이 병원의 공식 명칭은 릴리안해스기념병원이었으나 이 시기 발행된 한국 신문에서는 이 병원을 '동대문부인병원'이라 칭했다. 선교사들 역시 기록 작성 시 Lillian Harris Memorial Hospital과 East Gate

사정을 모를 리 없는 선교사들이 그럼에도 '릴리안 해리스'라는 이름을 포기할 수 없었던 것은 이 땅에 묻힌 선교사, 헌신했던 릴리안 해리스Lillian N. Harris를 기억해야 했기 때문이다.

릴리안 해리스는 1865년 1월 23일 미국 오하이오주 델라웨어에서 태어나 1890년 오하이오웨슬리언대학을 졸업한 후 신시내티여자의과대학, 펜실베이니아여자의과대학을 졸업하고 의사가 되었다. 이후 1897년 W.F.M.S. 선교사가 되어 한국 의료선교의 임무를 받아 11월 10일 한국 땅에 발을 내딛었다. 그녀는 오자마자 정동 보구녀관에서 환자 진료를 시작하여 1898년 4월까지 일했으며 이후 볼드윈진료소 전담의사로 임명받아 동대문으로 근무지를 옮겼다. 당시 볼드윈진료소는 1893년 3월부터 로제타 셔우드가 정식으로 진료를 시작했지만 이곳을 전담하여 운영하는 의료선교사가 임명되지 않은 상태였기에 정동 보구녀관에서 근무하는 로제타 셔우드나 메리 커틀러 의사가 틈이 날 때마다 볼드윈진료소를 오가며 환자들을 돌보는 상황이었다. 그런데 1898년 드디어 한국에 로제타 셔우드 홀, 메리 커틀러, 릴리안 해리스 세 명의 의사가 상주하게 되어 이들이 각각 평양 광혜여

Hospital을 혼용했다. 이에 본 책에서는 이 병원을 지칭함에 있어 공식 명칭인 릴리안해리스기념병원을 기본적으로 사용하되, 소제목 이하 내용 글의 인용 사료에서 '동대문부인병원'이 나올 경우에는 동대문부인병원이라는 명칭을 사용하겠다.

릴리안 해리스와
그녀가 운영의 체계를 잡아갔던
동대문 볼드윈진료소

출처 GCAH

원, 보구녀관, 볼드윈진료소를 전담·운영할 수 있는 여건이 마련된 것이다.

릴리안 해리스가 전담의로 배정되면서 볼드윈진료소는 주5일 규칙적으로 병원을 열어 환자들을 진료하며 진료소 운영의 체계를 잡아갈 수 있었다. 진료소가 규칙적인 운영을 시작하자 진료소에는 매일 위급한 환자들이 늘어갔다. 1899년 기록에 따르면 1년간 본 환자만 630명이 넘었다. 릴리안 해리스는 "일손이 너무 달린다. 훈련된 간호사가 긴급히 필요하다"고 요청하기도 했다.

릴리안 해리스의 의술은 조선 여성환자들에게 '기적과 같은 선물'이었다. 많은 환자들이 릴리안 해리스에게 "인간의 힘만으로는 치료할 수 없는 질병을 치료해내는 것을 봤다"며 "당신을 통해 신을 믿게 됐다"고 말했다. 릴리안 해리스는 언제나 "의료선교사는 의사이기 전에 선교사가 되어야 한다"며 환자들이 복음을 받아들일 수 있게 최선을 다했다. 다음은 1899년 릴리안 해리스가 직접 쓴 보고서 내용이다.

그들은 무척 가난해 하루 한 번 입에 풀칠하기에도 힘들다. 추위와 배고픔에 떨면서, 그들은 교회를 찾아온다. 한 노년의 부인에게 더는 치료가 힘들다고 말했더니 그녀는 답했다. "저도 제가 오래 살지 못하는 걸 알고 있습니다. 예배에 참석하기에도 너무 아팠지만, 저는 교회에 가지 않고 하나님에 대해 더 알아놓지 않으면 신은 저를 천국으로 데려가지 않을 것이기에 이곳에 옵니다." (…) 얼마 후 그녀가 사망했다는 소식을 들었다. 남편은 신자가 아니었지만 '아내가 세상을 떠날 때 죽음을 두려워하지 않았다'며 감사의 말을 전했다. 남편은 얼마 후 또 다른 지인을 데리고 예배에 왔다.[2]

2년 동안 볼드윈진료소를 맡았던 릴리안 해리스는 안식년을 맞아 미국으로 떠나는 로제타 셔우드 홀 의사를 대신해 1901년 5월 평양 광혜여원으로 자리를 옮겼다. 그곳에서도 그녀는 몸을 아끼지 않고 헌신적으로 환자를 돌봤다. 동료들이 쉬기를 권하면 "이곳 사람들을 위해서라면 아무리 애를 써도 아깝지 않다"고 말했다. 의료활동 틈틈이 교회와 주일학교에서 아이들을 가르쳤으며 환자들의 신앙 지도도 게을리하지 않았다.

환자 진료에 열성을 다하며 평양에서 하루하루를 보내던 릴리안 해리스는 1902년 5월 초 어느 날 병원을 찾아와 아픈 딸을 봐달라는 한 노파의 청을 듣고는 주저 없이 그 집을 찾아갔다. 낡고 허름한 오두막집 바닥에 멍석을 깔아놓은 채 혼수상태에 빠져 누워 있던 여인은 발진티푸스 환자였다. 지금까지 그래왔던 것처럼 릴리안 해리스는 오직 환자를 살리는 데만 집중했고, 다

---

2 L. Harris, "Baldwin Dispensary", *KWC*, 1899.

행히 환자는 해리스 의사의 진료 덕분에 살아났다. 그러나 치료 과정에서 릴리안 해리스는 그만 환자의 발진티푸스에 감염되고 말았다.

당시 평양에 있던 감리교의 폴웰E. Duglas Follwell(언니 메리 해리스의 남편) 의사와 맥길William B. McGill 의사, 장로교의 웰즈James H. Wells 의사가 릴리안 해리스를 살리기 위해 고군분투했지만 이미 그녀의 상태는 더 이상 손을 쓸 수 없을 정도로 절망적이었다. 그럼에도 불구하고 함께 평양에서 사역활동을 하던 선교사 에스티Ethel Estey와 전도부인 수잔이 해리스 곁에서 밤낮으로 그녀를 돌봐주었다.

마침 평양에서 개최될 감리교 연례회의 참석을 위해 모여들었던 W.F.M.S. 소속 선교사들은 해리스 의사가 위독하다는 비보에 절망하면서도 기적적으로 그녀가 일어나기만을 기다리며 기도했다. 그리고 연례회의 개최일로 예정되었던 5월 16일 금요일이 되었다. 회원들은 고개를 숙이고 슬픈 마음을 애써 누른 채 연례회의를 시작했다. 릴리안 해리스는 오후 내내 잠들어 있었는데, 그녀의 언니로 릴리안 해리스보다 먼저 한국에 들어와 사역활동을 하고 있던 폴웰 부인(메리 해리스)은 "제 생각에 릴리는 마지막 잠에 빠진 게 틀림없습니다"라고 말했다. 그리고 그날 밤 10시 해리스 의사는 37세의 나이로 숨을 거뒀다. 그녀는 생을 마감하기 직전 혼수상태에서 잠시 깨어나 상기된 얼굴로 천천히

위를 응시하며, "아름답다! 아름답다![Beautiful! Beautiful!]"라는 마지막 말을 남기고 떠났다.

해리스 의사는 연례회의 후 언니 폴웰 부인과 함께 노모가 기다리고 있는 미국 오하이오 집으로 안식년 휴가를 다녀올 예정이었다. 아마도 해리스 의사의 어머니는 머나먼 타국에서 전해진 딸의 사망 소식에 가슴이 무너져 내렸을 것이다.

릴리안 해리스는 한국에 파견된 W.F.M.S. 선교사들 가운데 선교지에서 사망한 첫 번째 인물이었다. 노블William A. Noble 목사가 손수 관을 만들었고, 자매들은 밤새도록 흰 비단으로 수의와 관 덮개와 안감을 준비했다. 해리스의 시신이 안치된 흰색 관이 병원 현관 앞에 놓이자 그 주변으로 그녀의 자매와 형제, 친구들이 모여들었다. 그 가운데서 가장 큰 슬픔을 보였던 이들은 그녀의 죽음에 마지막 경의를 표하기 위해 모인 한국인 무리였다. 이러한 장면만으로도 해리스 의사가 얼마나 진심을 다해 한국 환자들의 치료에 매진했는지, 그녀에 대한 한국인들의 신뢰가 어느 정도였는지를 미루어 짐작해볼 수 있다.

다음 날(17일) 아침 노블 목사의 주관으로 장례식이 진행되었고 연례회의는 중지되었다. 한국어와 영어로 찬송가가 울려 퍼졌으며, 열두 명의 한국인이 대나무로 만든 상여에 관을 메고 성문 밖으로 나갔다. 그리고 수많은 한국인들과 외국인들이 그 뒤를 따랐다. 그녀의 시신이 내려진 곳은 대동강이 내려다보이는 아름답고 조용한 언덕으로 그곳에는 이미 선교사 자녀들의 무덤 세 기가 있었다. 해리스의 관이 흙으로 덮일 때 한국인들은 통곡했다.

환자를 구하기 위해 자신을 내어놓았던 해리스 의사의 숭고한 죽음은 많은 이들에게 전해지며 귀감이 되었고, 이후 서울 동대문에 새로 지은 병원의 이름은 그녀의 행적을 기리기 위해 릴리안해리스기념병원으로 명명되었다. 하나님 다음으로 의사라는 자신의 직업을 사랑했고, 자기 자신을 잃어가면서도 자신이 할 수 있는 모든 지식과 기술을 동원해 환자들을 진료하는 데 전력을 기울였던 릴리안 해리스의 희생이 잊히지 않기를 바란다.

노블 목사가 남긴 기록이다.

그는 병들고 죄지은 자를 위해 그의 생명을 바쳤다. 티푸스 열병에 걸린 여인을 치료하여 그 여인에게 건강을 되찾아주면서, 대신 그 여인에게서 질병을 얻었다. 그가 고친 환자가 별 볼 일 없는 사람이었다는 사실이 이상스럽게 보일지 모른다. 그러나 그가 비천하게 보이는 자를 구원했다는 바로 그 점에서 그는 우리 주님의 발자취를 따른 것이다.

한국 간호의 시작점
보구녀관 간호원양성학교

1885년 한국에 파견된 미국 감리교 의료선교사 윌리엄 스크랜튼은 정동에 자리를 잡고 진료공간을 마련해 환자들을 돌보기 시작했다. 그러나 당시 부녀자들이 미국인 남자의사에게 진찰받기를 매우 꺼렸기 때문에 이화학당 설립자 스크랜튼 대부인은 W.F.M.S.에 여의사의 필요성을 제기했다. 그 결과 1887년 여의사 메타 하워드가 내한하면서 서울 정동에 있는 이화학당 구내 한옥을 개조하여 온돌방 병실을 갖춘 후 여성환자를 치료하기 시작하며 비로소 '여성에 의한, 여성을 위한' 부인병원이 시작되었다. 고종은 이런 의료사업을 치하하고 격려하는 뜻으로 이 병원에 '보구녀관'이라는 이름을 하사했다.

서양 근대 의료지식을 기반으로 한 학문적·전문적 간호교육은 의료선교사들에 의해 설립된 간호원양성학교에서 시작되었다. 당시 보구녀관에는 외국인 선교간호사밖에 없었고, 기독교인 여성들을 보조원으로 채용하여 의료선교사의 지시에 따라 일하고 있었다. 이들은 환자에게 성경을 읽어주고 복음을 전했으나 전문 간호인은 아니었다. 따라서 간호사 양성이 절대적으로 요구되는 상황이었다.

보구녀관 간호원양성학교를 설립한 마가렛 에드먼즈 초대 간호원장

출처 GCAH

마가렛 에드먼즈는 W.F.M.S. 소속 선교사로 1903년 3월 18일 서울에 도착했다. 그해 12월 보구녀관 간호원양성학교(현 이화여자대학교 간호대학 전신)를 설립하고 초대 간호원장으로서 첫 한국인 간호사(이그레이스, 김마르다)를 배출했다. 이처럼 한국에서 서양식 간호사제도를 처음 시작한 곳이 바로 보구녀관이었다.

에드먼즈는 이화학당 페인Josephin O. Paine 당장의 도움을 받아 한복과 양장을 개조해 만든 최초의 한국적인 간호복을 탄생시켰으며, 간호규정 및 간호원이라는 용어도 한국 최초로 만들었다. 간호원看護員은 '아픈 사람을 돌보고 보호하는 사람'이라는 뜻으로 일제강점기에는 간호부라는 명칭이 사용되었으며, 1987년에 오늘날 사용하고 있는 간호사로 변경되었다.

초기 간호원양성학교의 교육과정은 6년이었는데 그 이유는 읽기, 셈하기 등의 기초교육이 필요해서였다. 그러나 기초교육이 완료된 이화학당 출신 학생들은 단기 3년으로 이수할 수 있었다. 입학자격은 기독교인이며 읽고, 쓰고, 시계를 볼 수 있어야 했다. 입학연령은 21~31세로 부모의 입학동의서와 의사의 건강진단, 소속 교회의 증서, 소액의 입학금이 있어야 했고, 주근과 야근의 겸행이 가능하며, 학과에 방해되는 가무는 금지되었다. 학생은 재학하는 동안 보구녀관에서 지내야 하고, 학교에서 제복과 서책, 문구 등을 제공받았다.

기독교적인 사랑이라는 간호교육의 이념 아래 입원환자를

에드먼즈 간호원장과 간호학생들. 에드먼즈 왼쪽은 김엘렌, 오른쪽은 김마르다(1907)

출처 GCAH

위한 임상간호에 치중했고, 환자의 질병관리뿐만 아니라 신체적·심리적 안위를 도모하며 건강한 생활을 위한 건강교육까지 실시하는 등 상당히 진취적이고 질적인 교육을 강조했다. 학습방법은 도제 형태의 견습교육으로 실시되었다.

당시 간호원은 12시간 근무제였으며, 낮번 간호원의 하루 일과는 아침 7시에 근무를 시작하여 병동 환자들에게 아침식사를 제공하고, 8시에 기도회에 참석해 환자들과 성경공부를 한 뒤 10시부터 특별 식이, 드레싱, 찜질, 투약, 침상 정리 등을 하고 방문객이 환자를 피곤하게 하는지 등을 살피는 간호활동을 했다. 오후에는 1시간의 휴식시간이 있었고 오후 5시 저녁식사를 제공한 후 드레싱과 마사지 등을 수행하며 환자 상태를 보고하기 위해 낮번 활동내용을 기록했다. 이러한 일과는 간호학생들과 같이했으며, 강의는 환자 간호 이외의 시간에 실시되어 오후 10시경 끝났다.

간호원양성학교 교과목은 인체 골격, 순환과 혈액검사, 병원 규칙, 환기, 수술 준비, 예수 생애 등으로 구성되어 있었고, 붕대법, 침상 만들기, 목욕법, 투약, 간단한 식이 준비, 활력 증상 측정, 증상 기록, 특수약물 투여, 세척, 찜질, 드레싱, 약 도포, 마사지 원리, 사후 처치 등에 대한 실습이 있었다. 이외에도 간호윤리가 필수과목으로 포함되어 있고, 성경, 음악, 산수, 국어, 한문, 영어 등의 기초과목이 있었다.

1906년 1월 25일 한국 최초의 간호사 예모식이 보구녀관 간호원양성학교에서 거행되었다. 보구녀관의 진료소 대기실을 예모식장으로 꾸몄으며 스크랜튼 대부인과 보구녀관 의료선교사들, 그리고 그동안 강의를 도와준 많은 의료선교사들이 행사에 참석하여 예모식의 주인공인 김마르다와 이그레이스를 축하하고 격려했다. 그리고 이들은 1908년 11월 5일 이 학교를 1회로 졸업하며 한국 최초의 간호사가 되었다.

보구녀관 간호원양성학교는 한국 의료사에 있어 전문적인

간호사 배출의 통로를 최초로 마련했다. 또한 이곳을 졸업한 간호사들은 한국 간호역사에서 중추적인 역할을 담당해왔다. 한국 최초의 여성전문병원으로서 한국 최초의 간호원양성학교를 설립하고 한국 의료를 선도하는 전문 의료인을 배출해온 요람. 오늘날 섬김과 나눔, 사랑의 기독교 정신을 바탕으로 인류를 질병으로부터 보호하고 구하는 이화의 가치를 실현하고 있는 '이화 간호'의 근간에 바로 이 보구녀관이 자리하고 있다.

한국 최초의 간호복을 찾아서

우리는 흔히 간호사를 '백의의 천사'라 부른다. 지금은 다양한 색의 간호복이 있지만, 과거 꽤 오랜 기간 간호사들이 흰색 간호복과 흰색 캡을 착용했던 것에서 기인한 표현이다. 그렇다면 과거의 간호복은 늘 흰색이었을까? 한국 최초의 간호복은 어떤 모습이었을까?

76쪽의 사진은 1906년 음력 설이던 1월 25일 개최된 보구녀관 간호원양성학교 제1회 예모식 날의 모습이다. 이제는 더 이상 간호사들이 머리에 캡을 착용하지 않지만 한때는 이 캡이 간호사를 상징하던 시절이 있었다. 따라서 머리에 캡을 쓰는 예모식은 간호사로서의 정체성을 부여받는 중요한 행사였다. 사진을 보면 가운데 앉아 있는 당시 간호원장 마가렛 에드먼즈의 양 옆으로 네 명의 한국인 간호원이 서 있는데, 두 명만이 캡을 쓰고

제1회 보구녀관 간호원양성학교 예모식(1906)

출처 GCAH

있다. 이들은 이날 예모식을 치르고 선진간호원이 된 이그레이스(좌)와 김마르다(우)이고, 캡을 착용하지 않은 둘은 후진간호원 김엘렌(좌)과 정매티(우)이다. 전근대 사회에서 남성들만의 전유물과도 같았던 모자(관冠, 모帽)를 젊은 여성들이 공개적인 예식을 치르며 쓰기 시작한 것은 당시 조선인들에게 신선한 충격을 안겨주었을 뿐만 아니라, 간호사의 사회적 지위와 역할이 인정받기 시작했음을 의미하는 일이었다.

한편 캡의 유무와는 상관없이 이들이 입고 있는 간호복은 모두 같은 형태를 하고 있는데, 이 옷이 바로 한국 최초의 간호복이다. 청색 상의와 흰색 치마로 구성된 이 간호복은 당시 간호원장 에드먼즈가 이화학당 당장 페인의 도움을 받아 직접 디자인한 것이다. 간호사였던 에드먼즈가 간호복을 디자인하는 것은 쉬운 일이 아니었던 것 같다. 그녀가 남긴 보고서를 통해 당시 느꼈을 간호복 제작의 고충을 짐작해볼 수 있다.

불편한 한복을 대신할 적당한 유니폼을 만들 계획이 필요했다. 밤에는 꿈꾸고 낮에는 그것을 계획하면서 양재 본능에게 "잠자는 자여, 깨어라"라고 말하는 것이 필요했다. 그리고 오랫동안 기다리고 많이 찾은 후 확보한 귀중한 옷을 재단할 목적으로 우리는 무릎을 꿇고 기도했다. 견본을 확보해준 미스 페인에게 감사한다. 우리는 늘 양재가 어려운 직업이라고 생각했다. 그러나 만일 선교부에서 양성학교 간호원장의 자격에 대해 미리 물었더라면, 그 직함 아래 양재를 강제로 넣었을 것이다.[1]

에드먼즈가 만든 간호복은 한복과 양장을 조합한 디자인이었기 때문에 다른 나라에서는 볼 수 없는 독창적인 형태였다. 상의에 약 5cm 너비의 오른쪽으로 길게 내려가는 흰 목깃과 양쪽 소매 끝에 약 8cm 너비의 흰색 깃이 들어간 형태는 한복의 저고

---

1 M. Cutler, M. Edmunds, "Po Ku Nyo Koan, Hospital, Dispensary and Nurses' Training School, Seoul", *KWC*, 1904.

리깃과 끝동을 연상케 하는 디자인이었다. 또 왼쪽 가슴에는 가위, 체온계, 펜을 꽂은 지갑을 달았는데, 옆의 상단 사진에서 가슴에 꽂은 지갑의 모습을 확인해볼 수 있다.

사진에서는 아직 이 간호복을 입지 않은 세 학생의 모습도 확인할 수 있는데, 아마도 이들은 수습기간 중인 학생들이었던 것으로 추정된다. 당시 보구녀관 간호원양성학교의 교육과정을 보면 처음 입학한 학생들은 2개월 정도의 수습기간을 거친 후 간호복을 입을 수 있는 후진간호원이 되어 3년 정도 교육을 받았다. 이 교육과정을 무난히 수료하게 되면 예모식을 치르고 간호 캡을 쓴 선진간호원이 되어 다시 3년여 간의 교육을 받았다. 이렇게 총 6년여에 걸친 과정을 모두 마쳐야만 비로소 졸업을 하고 정식 간호원이 될 수 있었다. 정식 졸업간호원이 되면 다시 복장이 바뀌는데 이제는 상하의가 모두 흰색인 간호복을 입었다. 한국인 최초로 졸업간호원이 되어 이 흰색의 간호복을 처음 입은 이들 역시 이그레이스와 김마르다였다.

이처럼 간호복을 입고 또 간호 캡을 쓴다는 것은 하나하나의 교육과정을 완수해야만 얻어낼 수 있는 귀하고 값진 일이었다. 아마도 당시 보구녀관 간호원양성학교 학생들은 이 같은 과정 속에서 간호사로서의 성취감, 자부심, 책임감을 느끼고 배우며 전문직 여성으로의 발걸음을 내딛었을 것이다.

보구녀관 간호원양성학교 학생들.
중앙에 모리슨 간호원장(좌)과 커틀러 의사(우)(1908)

출처 GCAH

졸업간호원복을 입고 있는 보구녀관 간호원 양성학교 제1회 졸업생 이그레이스(좌)와 김마르다(우)(1908)

출처 GCAH

김마르다·이그레이스, 한국 최초의 간호사가 되다

한국인 최초의 간호사는 1908년 보구녀관 간호원양성학교를 1회로 졸업한 김마르다와 이그레이스다. 1908년 11월 5일 열린 보구녀관 간호원양성학교 제1회 졸업식에 대해 1933년 출간된 『간호사』는 다음과 같이 묘사하고 있다.

졸업생 2명의 수는 적지만 장래 그들의 다수 자매들이 그들의 뒤를 쫓아 봉사의 새 영역에 투신할 것에 대한 예고로 보아 의미심장하다. 조선간호부 선발대가 수천 년 전통적 구습의 강한 성벽을 용감히 쳐 부시고 사회로 뛰쳐나와 봉사의 입장뿐 아니라 근대여성운동의 견지로도 매우 중요한 새 직업에 헌신한 그 점에 대하여 우

리는 그들에게 흠앙의 뜻을 표하지 않을 수 없다.[1]

김마르다의 본명, 나이, 신분에 관해서는 정확히 알려진 것이 없다. 출생년도는 1870년대 초, 신분은 양반도 노비도 아니었던 것으로 보인다. 1893년 남편에게 심하게 폭행을 당해 코 일부와 오른손 손가락을 잘린 '김씨 부인'을 사람들이 보구녀관에 데려왔다. 김씨 부인은 치료를 받은 후에 남매인 자녀를 찾고자 했지만 찾지 못했다고 한다. 가족을 잃은 김씨 부인은 세례를 받아 마르다라는 이름을 얻었고 감리교 선교회와 정동의 보구녀관, 동대문의 볼드윈진료소에서 일하며 몸과 마음을 회복했다.

이그레이스는 1883년생으로 본명은 이복업이다. 김마르다와 마찬가지로 보구녀관에 환자로 왔다. 원래 어느 집안의 사노비였는데 괴사병으로 다리를 거의 쓸 수 없게 되어 주인이 집 밖으로 내보냈고, 버려진 이복업을 사람들이 보구녀관에 데려온 것이 인연이 되었다.

김마르다는 치료를 받으며 낮에는 가사를 돕는다는 명분으로 보구녀관에서 몇 년간 요리와 빨래, 청소 등 병원의 여러 가지 일을 하고 밤에는 입원 환자를 보살피는 '의료 보조인', 일종

1 Lavinia L. Dock, Isabel M. Stewart, 『看護史』, 조정환 옮김, 朝鮮看護婦會, 1933, pp.287-288.

의 간병인 역할을 했다. 한글과 성경을 배우며 신앙심과 성실성을 인정받은 김마르다는 빨래와 같은 단순노동은 중단하고 기도를 이끌며 전도를 하게 됐다.

이그레이스는 당시 보구녀관 의사였던 로제타 셔우드와 메리 커틀러로부터 여러 차례 수술을 받은 뒤 걸을 수 있게 되자 "보구녀관에서 숙식하며 일할 테니 학교에 보내달라"고 부탁했다. 그녀는 김마르다와 마찬가지로 처음에는 잡일을 하다가 곧 보구녀관 의사들을 돕고 환자를 간호하는 일을 맡게 되었다.

김마르다가 열성적인 기독교 전도로 높은 평가를 받았다면, 이그레이스는 학업과 병원 운영관련 업무에서 뛰어나 서양인 선교사의 통역으로 큰 역할을 했다. 이그레이스는 손재주가 뛰어난 데다가 재봉틀 사용법까지 익혀 병원 물품을 손수 만들었다. 특히 삼베용 바늘이나 붕대를 꼼꼼하게 잘 다뤄 사람들이 감탄할 정도였다고 한다.

보구녀관에 한국 최초의 간호원양성학교가 문을 연 1903년 김마르다와 이그레이스는 이 학교의 첫 입학생이 돼 간호사로서 첫 발걸음을 내딛게 되었다. 두 사람은 남다른 책임감과 열정으로 낮에는 학업에 매진하고 밤에는 보구녀관에서 환자를 보살피며 간호정신을 배워 나갔다. 각고의 노력 끝에 이들은 3년의 교육과정을 성공적으로 이수하고 1906년 간호사의 상징인 모자를 쓸 수 있었다. 그리고 다시 2년이 지난 1908년 11월 5일 모

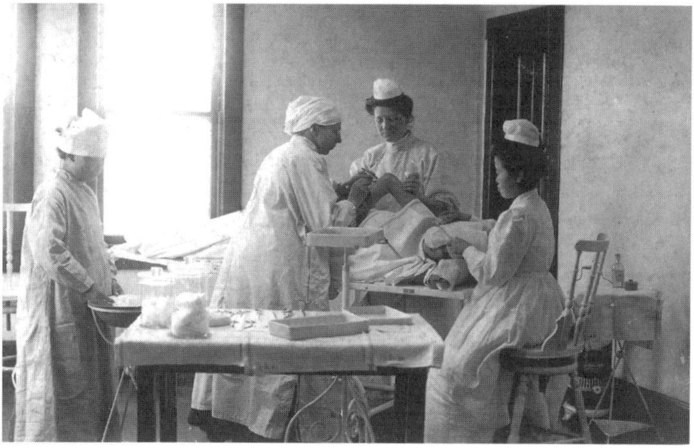

광혜여원에서 로제타 홀의 수술을 돕고 있는 이그레이스(오른쪽 끝)(1911)

출처 GCAH

환자들을 돌보고 있는 김마르다(오른쪽 끝)(1914)

출처 GCAH

든 간호교육과정을 마치고 한국인 첫 졸업간호사graduate nurse가 되었다. 이는 여성이 근대적 교육을 받을 기회가 극히 드물었던 조선에서는 그 자체로 예외적이었으며 한국 최초의 간호사가 탄생하는 역사적인 순간이었다.

정식 간호사가 된 두 사람은 보구녀관에서 본격적인 환자 간호활동을 펼쳐 나갔다. 진료와 함께 특히 간호교육에 관심이 많았던 김마르다는 1909년부터 후학 양성에 열정을 쏟았다. 이그레이스는 1910년부터 수간호사가 되어 환자를 돌봤는데, 특히 여성과 어린이 치료에 평생을 바쳤다.

의처증이 심한 남편의 폭행으로 손가락과 콧등을 잃은 김마르다, 여종 출신으로 태어나 어릴 때 괴사병에 걸려 다리를 저는 장애를 갖게 된 이그레이스. 두 사람은 근대 가부장제의 굴레를 벗어던지고 당당하게 자신의 직업과 인생을 선택했다. 그리고 종국에는 한국 간호역사의 문을 연 주인공이 되었다.

의병을 치료한 커틀러 의사와 에드먼즈 간호원장

> 삼작일(필자 주. 삼일 전)에 한일병이 접전할 때에 부상한 한국 병정들을 (…) 해원(필자 주. 남대문 밖 세브란스병원)에 있는 남녀 간호원과 보구녀관에 있는 간호원들이 지성으로 구호함은 다 말할 수 없거니와[1]

1907년 7월 20일 헤이그 특사 사건으로 고종 황제가 강제 퇴위한 후 대한제국의 정세는 급박한 소용돌이에 휘말렸다. 황위를 물려받은 순종은 일제가 내민 정미7조약에 서명하고 7월 31일 군대 해산 조치를 내렸다. "국사가 다난할 때 쓸데없는 비용을 절약해 이용후생利用厚生으로 응용해야 함이 급선무이므로

---

1 "여학도의리",『대한매일신보』, 1907.8.4.

황실을 호위하는 데 필요한 병력 외에는 일시에 해산하겠다"는 이유에서였다.

다음 날 부대별로 견장과 검을 반납하고 계급장을 떼는 동안 박승환朴昇煥 참령이 권총으로 자결했다. 그는 유서에 "군인으로서 나라를 지키지 못하니 만 번 죽어도 아깝지 않다"는 말을 남겼다. 일제의 압박에 의한 강제적 군대 해산에 분개한 대한제국 군인들은 무기고를 때려 부수고 총을 꺼내 일본군과 교전하기 시작했다. 일본군과 대한제국군은 남대문과 서소문 사이에서 치열한 교전을 벌였다. 500년 역사의 한양 도성에서 처음 벌어진 시가전이었다.

일본군은 한양에서 가장 높은 건물인 남대문에 기관총을 걸고 조선인 시위대를 향해 난사했다. 구식무기로 무장한 대한제국 군인들은 무참히 희생됐다. 보구녀관 책임의사 메리 커틀러는 W.F.M.S. 한국 연례보고서에 당시의 상황을 담담하게 기록

대한제국군 부상병 치료 소식을 전한 1907년 8월 4일자 『대한매일신보』 기사

●녀학도의리 삼작일에 한일병이 접젼ᄒᆞᆯ때에 부상ᄒᆞᆫ 한국 병뎡들을 남문밧 제즁원에서 드려다가 치료ᄒᆞᆫ단말은 이왕에 게지ᄒᆞ엿거니와 히원애 잇는 남녀간호원과 보구녀관에 잇는 간호원들이 지셩으로 구호ᄒᆞᆷ은 다 말ᄒᆞᆯ수 업거니와 련동녀중학교에 잇는 녀학도들이 모혀셔로 의론ᄒᆞᆫ뒤 동포들은 나라를 위ᄒᆞ야 죽는 쟈드 잇는뒤 우리는 비록 녀ᄌᆞ나 엇지 의리가 업스리오ᄒᆞ고 그ᄂᆞᆯ밤브터 제즁원에 일졔히가셔 부상ᄒᆞᆫ 쟝졸을 열심으로 간호ᄒᆞ며 그 쟝졸들도 녀학도의 의리를 감복ᄒᆞ야 눈물을 흘니며 치하ᄒᆞ고 또 그ᄂᆞᆯ에 반양복ᄒᆞᆫ 녀ᄌᆞᄒᆞ나가 능히 영어와 일어를 통ᄒᆞ며 탄환을 무릅쓰고 와서 말ᄒᆞ기를 우리나라 동포를 우리가 구ᄒᆞ지 아니ᄒᆞ면 누가 구ᄒᆞ리ᄒᆞ고 천히 조차 ᄃᆞᆫ니며 상ᄒᆞᆫ 병뎡을 수변으로 ᄎᆞ저서 병원으로 메여갓고 또 한국 간호부ᄒᆞ나는 젼장속에서 상ᄒᆞᆫ병뎡을 구호ᄒᆞ기로 온몸에 피가 뭇엇스며 보는쟈들이 감동ᄒᆞ야 울지 안는이가 업셧다더라

했다.

지난 20개월간 쉬지 못했던 의사, 간호사들을 위해 7월 1일부터 한 달간 의료업무를 멈추도록 했다. 하지만 서울 내 머물던 의료선교사 다섯 명 중 세 명을 사실상 거의 매달 동시에 호출했던 도시 밖의 응급상황, 그리고 8월 1일의 유혈 전투the bloody battle로 절정에 달한 정치적 소동the political disturbances 때문에 우리는 환자들을 다시 맞게 됐다.[2]

보구녀관 간호원양성학교장 마가렛 에드먼즈는 당시의 상황을 더욱 자세히 기록했다.

장로교 병원(세브란스병원)에 "만일 감리교 병원(보구녀관) 직원의 봉사가 필요하면 우리는 준비하고 있겠다"는 말을 전했다. 메시지에 대한 답변이 도착했다. "즉시 오라." 인력거 네 대를 불러 우리의 의사(커틀러), 간호원장(에드먼즈), 두 명의 상급반 학생간호원(이그레이스, 김마르다)이 올라탔다. 극한 슬픔에 빠진 이들과 하나가 된 듯 하늘도 울고 있었다.[3]

---

2 M. Cutler, "Po Ku Nyo Koan", *KWC*, 1908.
3 Pioneer Nursing, 1907.8.23.

사실 보구녀관 여성 의료인들은 이전에는 성인남성 환자를 돌본 적이 거의 없었다. 세브란스병원 의사 에비슨은 “젊은 여성 간호원들은 한 번도 남성 환자를 돌본 적이 없었지만, 정신없이 일하느라 자기가 간호하는 환자들이 남성이라는 사실을 잊을 정도였다”고 기록했다. 당시의 신문 기사에서도 “우리나라 동포를 우리가 구하지 아니하면 누가 구하리 하고 친히 쫓아다니며 상한 병정을 사면으로 찾아서 병원으로 메어갔고 또 한국 간호부 하나는 전장 속에서 상한 병정을 구호하기로 온 몸에 피가 묻었으매 보는 자들이 감동하야 울지 않는 이가 없었다더라”라고 적었다.

2019년 큰 인기를 끌었던 드라마 <미스터 션샤인>에도 이날의 이야기가 담겨 있다. 근대식 병원 침상 위에 총상을 입은 채 피를 철철 흘리는 조선인 군인들이 누워 있고, 조선인 여성 간호원이 바삐 움직이며 그들을 치료하는 장면이다. 이 조선인 여성 간호원은 병원에 오지 못하는 의병들을 위해 필요한 의약품을 가득 챙겨 몰래 전달하기도 한다. 특히 눈길을 끄는 것은 이 여성 간호원이 입고 있는 간호복이 당시 보구녀관 간호원양성학교에서 입던 간호복과 같은 디자인이라는 점이다.

교전이 있고 며칠 뒤, 통감부는 부상을 입은 대한제국 군인들을 내보내라고 명령했다. 아직 회복되지 않은 부상자들이 병원을 떠나 나가게 됐을 때 어떤 미래가 펼쳐질지 눈에 선했지만 의료진들에게는 방법이 없었다. 에드먼즈 간호원장은 무력감을 느꼈다.

> 한 가여운 군인은 남게 해달라고 빌며 울었다. 그 슬픈 행렬이 천천히 병원을 떠나 인력거나 들것에 실려 알 수 없는 야영지로 운반되어 나갈 때, 우리는 함께 울 수밖에 없었다.[4]

당시 이어진 대한제국 군인들의 저항은 일제의 기관총 앞에서 무참하게 좌절됐지만, 남은 해산 군인들은 만주로 넘어가 독립군이 되어 항일 무장투쟁을 이어나갔다. 종교, 성별, 인종을 넘어선 보구녀관 여성 의료진들의 헌신이 대한제국의 독립과 민족 해방의 작은 지지대가 되어준 것이다.

---

4 *Ibid.*

보구녀관 간호원양성학교 제2대 원장 알타 모리슨

여기 오래된 사진 한 장이 있다. 해상도가 좋지 않아 사진 속 인물들의 얼굴을 모두 또렷하게 확인할 수는 없지만 입고 있는 복장을 보아하니 아마도 간호사들인 것 같다. 사진 속 인물이 몇 명인지 세어보니 총 열여섯 명이다. 사진 중앙에 이날의 주인공으로 보이는 외국인 여성이 있고, 그녀를 둘러싸고 똑같은 복장을 한 열세 명의 여성이 있다. 또 사진 왼쪽과 오른쪽 끝에 같은 흰색 옷을 착용하고 있는 두 명의 여성이 있다. 이들은 누구이며 어떤 날 찍은 사진일까?

이 사진은 1910년 W.F.M.S. 한국 연례보고서에 수록된 것으로 '모리슨 간호원장의 송별식Farewell dinner'이라는 설명이 첨부되어 있다. 사진 속 가운데에 서 있는 외국인 여성이 모리슨으로 보구녀관 간호원양성학교 제2대 원장을 역임했던 인물이다. 기

보구녀관 간호원양성학교 제2대 원장 알타 모리슨의 송별식(1910)

출처 GCAH

와담장 뒤 벽돌 건물은 정동제일교회로 추정되며 이 송별회는 정동제일교회와 맞닿아 있던 보구녀관 구내 마당 한 켠에서 진행된 것이 아닌가 싶다. 많은 선교사들이 한국에서 활동을 하다 떠났지만 이렇게 송별연 사진까지 남겨놓은 것은 매우 드문 일이다. 그렇다면 송별식 사진까지 남기고 떠난 모리슨 간호선교사는 어떤 인물이었을까?

알타 모리슨Alta I. Morrison 간호사는 1867년 2월 18일 미국 일리노이주 리빙스턴 카운티 폰티악에서 태어나 샌프란시스코

시립병원 간호원양성학교를 졸업하고 간호사가 되었다. 1903년부터 북감리교 국내여자선교부의 간호사로 샌프란시스코 지역에서 활동했는데 가정방문을 통해 환자들을 돌보고 복음을 가르치기도 했다. 그런데 이 시기 샌프란시스코는 19세기 말부터 들어온 중국인, 일본인 이주노동자들이 넘쳐나고 있었다. 1905년부터는 한국인 이민자들도 생겨나기 시작했다. 1906년 모리슨 간호사의 기록에 따르면 샌프란시스코에 60여 명의 한국인이 있고 그들 대부분은 남자라고 되어 있다. 아마도 모리슨 간호사는 이처럼 자신이 활동하고 있던 지역의 특수성으로 인해 한국에 대한 다소간의 정보를 가지고 있었던 것으로 짐작된다.

한편 한국에서는 보구녀관 간호원양성학교를 이끌던 에드먼즈 간호원장이 남장로교 해리슨William B. Harrison 목사와의 결혼을 결정하며 간호원양성학교 간호원장직을 사임했다. 이에 감리교 여성해외선교회에서는 에드먼즈 간호사의 후임자를 구해야 했는데, 이때 모리슨이 한국 선교를 자원하여 1908년 2월 서울에 도착했다. 한국에 왔을 당시 모리슨 간호사는 41세로 결코 적지 않은 나이였기에 한국에 가는 것은 그에게 있어 큰 용기가 필요한 일이었을 것이다. 그가 이런 결정을 할 수 있었던 배경에는 샌프란시스코에서의 활동 경험이 일정 부분 역할을 하지 않았을까 추측해본다.

한국에 도착한 모리슨 간호원장은 아직 한국을 떠나지 않

알타 모리슨 간호원장

보구녀관 병실에서 진행된 아침 기도 및 성경 공부.
의자에 앉아 있는 사람이 모리슨 간호원장(좌), 커틀러 의사(우)(1908)

출처 GCAH

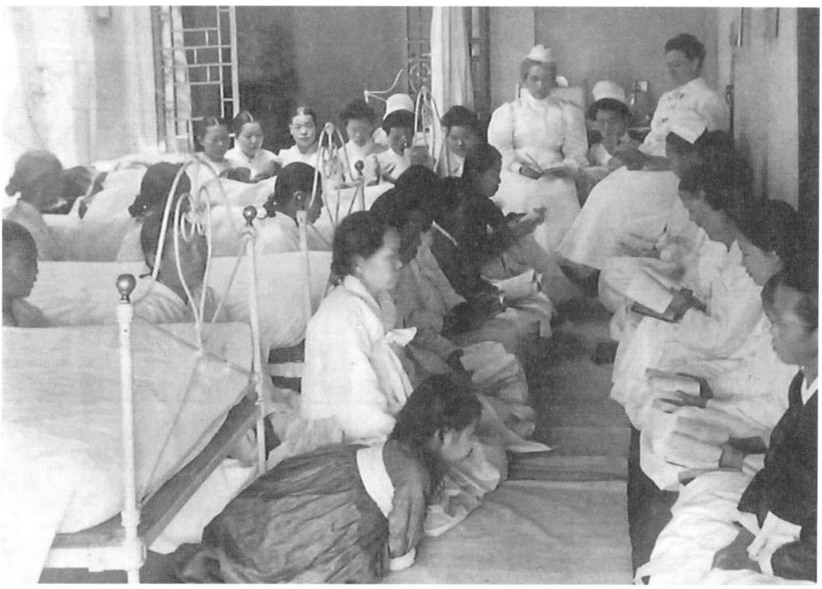

은 에드먼즈로부터 간호원양성학교 업무에 대한 인계를 받고 한국어도 배우며 한국 생활을 시작했다. 새로 부임한 모리슨 간호원장이 가장 시급히 해결해야 할 것은 보구녀관 간호원양성학교의 선진간호원인 이그레이스와 김마르다를 졸업시키는 일이었다. 본래 이 둘은 1908년 봄에 졸업을 하고 정식 간호원이 될 예정이었으나 질병과 부족한 수업시간 때문에 예정보다 6개월 여의 시간이 지난 1908년 11월 5일에서야 졸업을 하고 최초의 한국인 간호사가 되었다.

모리슨이 처음 한국에 올 때는 1년만 활동하고 돌아갈 계획이었으나 간호원양성학교와 간호업무를 맡을 후임자가 그 사이 결정되지 못했다. 그래서 모리슨 간호원장은 계획보다 조금 더 오래 한국에서 활동하게 되었다. 그러면서 1909년부터 간호업무를 하루 8시간 3교대제로 운영했고, 11월에는 제2회 졸업식을 주관하며 세 번째 졸업간호사 김엘렌을 배출했다.

2년 3개월의 근무기간 동안 모리슨은 일반간호, 실용간호, 침대정리와 목욕, 붕대감기 실습, 열병환자 관리, 관장법 등 간호사 실무교육을 집중적으로 담당했다. 또한 간호교육 교재로 사용하기 위해 한국어로 번역한 폴웰 의사의 강의록을 확보하고, 클라라 윅스 쇼Clara S. Weeks-Shaw의 『간호교과서』 2판을 출판하며 양질의 간호사 양성교육이 이루어질 수 있도록 했다. 이외에도 세브란스 간호원양성학교의 책임자 에스더 쉴즈Esther L. Shields 간호사와 가깝게 지내며 서로의 간호학교에 강의를 하러 다니고 학생들에게 다양한 실습환경을 마련해주고자 교환실습을 진행하는 등 간호원양성학교 발전에 힘을 보탰다.

한편 모리슨 원장 입국 직후였던 1908년 3월에는 쉴즈 간호사의 주도로 '대한졸업간호원회Graduate Nurses' Association in Korea'가 조직되었는데 모리슨도 회원으로 함께했다. 당시 한국에서 활동하던 다섯 명의 간호선교사(감리교 소속의 에드먼즈, 모리슨, 홀맨Sarah Hallman, 장로교 소속의 쉴즈, 영국 성공회 소속의 라이스Maud Rice)로 시작한 이 조직은 한국에서 조직된 첫 번째 간호단체로 1911년 '재선서양인졸업간호부회'로 개칭·발전했다.

모리슨 간호원장은 1909년 10월 8일 이화학당 설립자인 스크랜튼 대부인의 임종을 지켜본 것이 자신이 한국에서 경험한 것 중 가장 잊을 수 없는 일이었다는 고백을 남기고 1910년 5월 7일 보구녀관 간호원양성학교에서의 일을 마무리한 후 다시 미국으로 돌아갔다. 미국에 돌아간 모리슨 간호사는 1916년 10월 1일 플로리다주 마이애미에 환자 열다섯 명을 수용할 수 있는 현대식 시설을 갖춘 사설 요양소를 개원했다. 이후 플로리다에서 거주·활동하며 평생을 독신으로 살다 1950년 8월 18일 83세의 나이로 마이애미 자택에서 사망했다. 그의 무덤은 가족들이 함께 잠들어 있는 일리노이주 폰티악의 패티 공동묘지에 있다.

보구녀관의 낙후된 시설, 릴리안해리스기념병원의 신축으

로 인한 재정적 어려움 등 열악한 상황에서도 모리슨 간호원장은 한국에서 활동하는 기간 동안 최초의 한국인 간호사 세 명을 배출했으며 좀 더 탄탄한 간호교육 체계를 마련한 것에 공헌한 바가 크다. 척박한 땅에 와서 열정을 바쳐 일한 이 같은 선교사들의 헌신으로 오늘날의 간호교육 체제가 세워졌음을 기억해야 할 것이다.

릴리안해리스기념병원 건립을 진두지휘했던 언스버거 의사

서울에서의 의료사역이 발전하고 유지되기 위해 긴급히 필요한 것을 제시하며 보고서를 마친다. (…) 2. 훌륭한 병원 건물…[1]

이것은 1899년부터 서울 보구녀관에서 의료사역을 시작한 엠마 언스버거Emma Ernsberger 의사가 1901년에 작성한 선교활동보고서 내용 가운데 일부이다. 그녀는 한국에서의 의료선교활동을 시작한 초창기부터 새로운 병원의 필요성을 인식하고 선교본부에 그 뜻을 전하기 시작했다. 그리고 의지에 그치지 않고 동대문 언덕에 병원을 세우는 실제 성과를 거두고야 만다. 이렇듯 낯선

1 E. Ernsberger, "Woman's Hospital and Dispensary, Chong Dong, Seoul", *KWC*, 1901.

엠마 언스버거 의사

출처 GCAH

선교지에서 진취적인 활동을 선보인 언스버거 의사는 어떤 인물이었을까?

엠마 언스버거는 1862년 9월 25일 미국 오하이오주 퍼트넘 카운티 라이스에서 태어나 1887년 노스웨스턴오하이오사범대학을 졸업했다. 이후 볼티모어의 메릴랜드여자의과대학에 입학해 다니다가 오하이오주 신시내티의 로라메모리얼의과대학으로 옮겨 의학공부를 마치고 1897년 졸업했다.

언스버거 의사는 졸업과 함께 W.F.M.S. 신시내티지부의 임명을 받아 의료선교사가 되어 인도 파견을 명받았으나 어떤 이유에서인지 인도로 가기 전 이 명은 철회되었다. 이후 1899년 5월 조선 사역에 임명되어 8월 21일 벤쿠버에서 일본으로 향하는 배를 타고 출발했다. 9월 4일 요코하마에 도착한 언스버거 의사는 다시 한국행 배로 갈아타고 9월 14일 서울에 도착할 수 있었다.

서울에 도착한 언스버거 의사는 커틀러 의사와 함께 보구녀관에서 활동을 시작했다. 1901년 5월까지 보구녀관을 담당했던 그녀는 평양으로 활동지를 옮기는 릴리안 해리스 의사의 뒤를 이어 동대문의 볼드윈진료소 전담의사가 되었다. 동대문에서의 첫 1년 동안 3,292명을 진료했으며, 그다음 1년 동안에는 4,765회의 진료를 보면서 연간 100회 이상의 왕진활동도 병행했다. 볼드윈진료소를 찾는 환자들은 날로 늘어났으며 언스버거 의사는 환자들로 넘치는 대기실의 공간 문제를 해소하고 병원을 찾는 환자들의 수요에 최대한 대처하고자 선교회 본부에 응급실 추가 계획을 제출하기도 했다. 공간 부족 문제와 더불어 나무로 지어진 기와지붕 한옥이 가지는 근본적인 문제, 즉 사계절 날씨 변화에 따른 건물 누수와 그로 인해 지속적으로 발생하는 위생 문제는 새로운 형태의 건물을 짓지 않는 이상 해결하기 어려운 부분이었다.

결국 언스버거 의사는 1904년 6월 첫 번째 안식년 휴가를 받아 미국에 돌아가서 새 병원 건립을 위한 적극적인 행보를 펼치기 시작한다. 그녀는 미국의 여러 주를 돌아다니며 한국의 새 병원 건축 필요성에 대해 연설을 하고 직접 글로도 써서 청중에게 전달하며 건축기금 모금에 전력을 기울였다. 이윽고 이러한 그녀의 노력에 응답이 왔다.

선생님, 당신은 이 병원의 짐을 우리에게 넘겼고, 우리에게 필요성을 보여줬으니 이제 그것은 우리의 책임입니다.[2]

언스버거 의사의 연설에 마음이 움직인 코웬 부인Mrs. Cowen이라는 여성이 조선의 새로운 여성병원을 위해 거액을 기부한 것이다. 코웬 부인 외에도 W.F.M.S. 신시내티지부의 여성들과 아이들이 한 푼, 두 푼 모아두었던 자신들의 쌈짓돈을 풀어 무려 8천 달러 이상의 기금을 마련해주었다. 1905년 7월 W.F.M.S.의 선교잡지 *Woman's Missionary Friend*는 "언스버거 의사가 가는 곳마다 열정을 불러일으켜 병원 기금이 증가하고 있다"라고 그녀의 모금활동을 소개하고 있다. 1905년 8월 안식년을 마치고 한국으로 돌아오는 기차에서 언스버거 의사는 한국의 언덕을 보며 큰 기쁨을 느낌과 동시에 한국 여성들이 더 나은 삶으로 나아갈 수 있도록 도와야 할 책임이 자신의 어깨에 있음을 느꼈다.

휴가에서 돌아온 언스버거 의사는 볼드윈진료소에서 매해 4,000여 명에서 많게는 8,000명까지의 환자들을 돌보며 동대문 지역이 여성과 아동을 위한 의료선교활동을 펼치기에 최고의 입지임을 증명했다. 그리고 드디어 1907년 언스버거 의사의 노력으로 마련된 기금과 한국에 거주하는 미국인들의 기부금

---

2 E. Ernsberger, "Baldwin Dispensary", *KWC*, 1906.

등을 바탕으로 스크랜튼 부인이 마련해둔 동대문 언덕에 새로운 현대식 시설을 갖춘 병원의 건축이 결정되었다. 병원의 이름은 한국에서 의료선교활동을 하다 1902년 사망한 릴리안 해리스 의사를 기념하기 위해 '릴리안해리스기념병원'으로 결정되었다. 1908년부터 공사에 들어간 릴리안해리스기념병원은 1909년 무렵 건물의 외형이 완성되었다.

새 병원이 건립되는 동안 언스버거 의사는 병원 건축을 감독하는 일과 함께 볼드윈진료소에서 환자를 돌보는 일에 매진했다. 1909년 5월 기록을 보면 병원 신축에 오랜 시간이 소요되고 있으며 1만 5천 달러 정도의 추가비용이 요구되고 있으나, 새 병

1909년 건축 중인 릴리안해리스기념병원

출처 GCAH

원이 완공되면 서울에서 가장 아름다운 건물이 될 것이고 이 계획은 잘 마무리될 것이라는 내용을 확인할 수 있다. 병원 건축을 위한 추가비용이 정확히 얼마나 더 소요되었는지는 알 수 없으나, 1911년경 W.F.M.S. 뉴욕지부와 노스웨스턴지부에서 새 병원 건축을 위해 2천 달러의 비용을 지급한 내용이 확인되는 것으로 보아 언스버거가 모은 비용 외에도 추가자금이 투입되었음을 알 수 있다.

1910년 5월에는 건축 중인 릴리안해리스기념병원 옆에 감리교 남자선교회에서 지은 동대문교회가 완공되어 볼드윈예배당에서 진행하던 선교업무가 신축교회 공간으로 옮겨가게 되었다. 이에 언스버거 의사는 비어 있게 된 볼드윈예배당을 병동으로 사용하며 좀 더 개선된 환경에서 많은 환자들을 돌볼 수 있었다.

이처럼 11년 동안 한국에서 의료사역뿐 아니라 병원 신축 공사 책임까지 맡으며 그 누구보다 열정적인 활동을 전개한 언스버거 의사는 병원의 건축 실무를 담당하던 감리교 선교회의 남자 선교사 찰스 로버Charles Loeber의 건축비 횡령 문제로 인해 1910년 말 병원의 완공을 보지 못한 채 미국으로 돌아가야만 했다. 아쉬운 마음을 안고 귀국한 언스버거 의사는 1911년 선교사직을 사임했고 1935년 10월 11일 오하이오주 앨런 카운티 카이로에서 사망, 고향인 퍼트넘 카운티의 노스마운트자이언 공동묘지에 안장되었다.

낯선 땅, 열악한 환경에서 환자들을 성심껏 진료하는 것은 물론 당시 누구도 쉽게 추진하기 어려웠던 병원 신축을 계획하고 실행에 옮겼던 언스버거 의사가 병원의 완공을 보지 못하고 귀국해야 했던 것은 진한 아쉬움으로 남는다. 그러나 그녀의 진취적이고 용기 있는 행보와 헌신은 이후 100여 년간 이화 의료가 동대문 언덕 위에서 굳건히 자리매김할 수 있는 근간이 되었다.

보구녀관을 마지막으로 지킨 의사 힐만

1887년 10월 30일 메타 하워드 의사의 진료로 시작된 보구녀관은 1914년 초까지 서울 정동에서 그 역할을 이어갔다. 27년여 정동에서의 시간 동안 총 일곱 명의 W.F.M.S. 소속 의료선교사들이 보구녀관을 담당했는데, 이 공간의 마지막을 함께한 이는 아만다 프란시스 힐만Amanda Francis Hillman 의사였다.

힐만은 1867년 8월 29일 미국 버지니아주에서 태어나 1899년 국립시카고의과대학을 졸업하며 의사가 되었다. 의사가 된 후의 구체적인 활동은 드러나지 않지만 시카고에 거주하며 활동한 것으로 보인다. 힐만은 1911년 W.F.M.S. 노스웨스턴지부 소속 한국 선교사로 임명되어 11월 7일 샌프란시스코에서 한국으로 가기 위해 일본행 배 니폰마루호에 탑승했다. 힐만이 한국으로 파송되었던 때 그녀의 나이는 44세로 이전에 보구녀관에서 근무했던 의료선교사들이 모두 이삼십 대에 파송되었던 것을 생각하면 적지 않은 나이였다. 그녀가 중년의 나이에 낯선 해외 선교생활을 결심한 이유를 알기 위해서는 어떠한 계기로 선교부에 들어왔는지에 대한 기록이 있어야 하는데 현재 확인되는 자료에서는 그녀가 왜 선교부에 들어왔는지, 또 어떻게 한국 파송이 결정되었는지를 확인할 수 없어 안타깝다.

힐만 의사는 이전의 선교사들과 다른 또 하나의 지점이 있었는데, 바로 자비량self-supporting 방식으로 선교지에 파견되었다는 점이다. 당시 한국에 파견된 선교사들은 일반적으로 1인당 1년에 700달러의 활동비를 W.F.M.S.지부들로부터 지원받고 있었다. 그런데 힐만은 이러한 지원 없이 자비로 선교지에서의 활동에 필요한 비용을 충당한 것이다. W.F.M.S. 선교잡지인 *Woman's Missionary Friend*에서도 선교지 선교사들의 활동비용을 기부하는 기부자들의 희생과 더불어 힐만의 선교지 자비 충당에 감사를 표한다는 기록을 찾아볼 수 있다.

1911년 12월 한국에 입국한 힐만은 동대문 볼드윈진료소에서 4개월 정도를 지내며 한국어와 한국 문화를 익히기 시작했다. 그리고 1912년 3월에 열린 W.F.M.S. 한국 연례회의를 통해 '언어공부와 정동진료소' 담당의 소임을 부여받아 보구녀관에서 정식으로 근무하기 시작했다. 이전까지 보구녀관을 맡고 있던 메리 커틀러 의사는 평양 광혜여원으로 발령을 받아 떠났다.

보구녀관에서의 힐만 의사 활동은 그녀가 유일하게 남긴 1913년 W.F.M.S. 한국 연례보고서 중 '정동진료소와 이화학당의 의료활동'에서 확인해볼 수 있다. 힐만 의사는 한국 사람들이 걸리는 질병의 대부분은 위생과 청결 부족에서 비롯되고 있음을 지적하며 많은 사람들이 건강법을 몰라 죽는 것에 대해 안타까워했다. 그래서 그녀는 어린아이를 데리고 오는 엄마들에게 당시 한국에서 활동하고 있던 반 버스커크James D. Van Buskirk 의사가 저술한 『영아양육론嬰兒養育論, *The Care of Infants*』을 나누어주었다.

1912년 조선예수교서회에서 출간한 이 책은 대중에게 의학상식을 보급하기 위해 기획된 의학시리즈 첫 번째 출판물이었다. 이 책을 쓴 반 버스커크 의사는 미국 북감리교 소속 의료선교사로 1908년 한국에 와 활동을 시작했고 1912년부터 세브란스병원에서 진료를 보고 있었다. 순한글로 쓰인 이 책은 전체 4장, 13페이지로 구성되어 있고, 상세한 목차는 오른쪽 표와 같다.

『영아양육론』은 아이가 태어나는 순간부터 해야 할 것들과 아이를 키울 때 알아두면 도움이 되는 위생, 영양, 건강 관련 내용들을 꼼꼼하게 소개하고 있다. 특히 이 책에서는 아기를 먹이는 법이 가장 중요하다고 강조하며 모유기—이유식—유아식의 단계로 순차 진행되는 식이과정 속에서 각 단계의 식이를 어떻게 해야 하는지 상세하게 설명한다. 또 모유를 먹어야 하는 시기에 모유를 먹지 못할 경우 대체할 수 있는 방안으로 유모를 구해

1장	아기 날 때에 할 것	1) 숨 쉬게 하는 것 2) 탯줄 동이는 법 3) 눈을 씻기는 법 4) 아기를 목욕시키는 법 5) 탯줄을 싸매는 법 6) 옷 입히는 법 7) 재우는 법
2장	어린아이 위생론	1) 날마다 목욕시킬 것 2) 아기를 편안케 할 것 3) 맑은 공기
3장	아기를 먹이는 법	1) 어머니 젖을 조심하여 먹일 것 2) 어머니 젖을 먹지 아니할 때 할 것 3) 음식을 먹이는 법 4) 유모의 젖을 먹이는 것 5) 소의 젖을 먹이는 법
4장	집에서 병 고치는 법	1) 아이 눈병 2) 아이 배 아파하고 설사하는 것 3) 아이 회충 4) 아이 태독과 태열 5) 아이 귓병

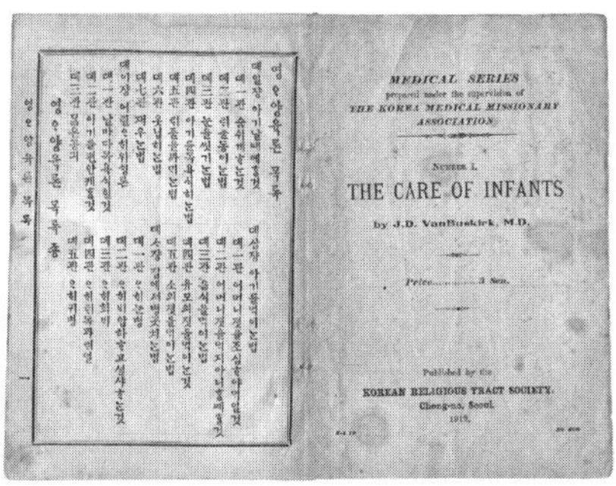

『영아양육론』 목차(위의 표)

반 버스커크의 『영아양육론』

출처 동은의학박물관

젖을 먹는 경우나 소의 젖을 먹일 경우 지켜야 할 수칙들에 대해서도 구체적으로 알려주고 있다. 오늘날의 어떤 베스트셀러 육아서에도 뒤지지 않을 수준의 내용이다.

힐만 의사는 보구녀관을 찾아오는 환자들의 진료뿐 아니라 보구녀관과 같은 구내에 있던 이화학당 학생들의 건강을 돌보는 일도 맡았다. 그런데 1913년과 1914년 W.F.M.S. 한국 연례보고서를 보면 "이화학당 학생들이 아파서 치료를 해야 하는데 동대문의 병원까지는 너무 멀어서 가기가 힘들고, 힐만 의사가 성심껏 학생들을 돌보고 있지만 이들을 잘 진료할 만한 공간이 없다"는 내용을 확인할 수 있다. 힐만 의사가 근무하던 시기 보구녀관의 운영과 관련한 구체적인 기록들이 많지 않아 단정할 수는 없지만, 1912년 말 혹은 1913년 초부터 이미 동대문의 릴리안해리스기념병원에서 진료활동이 시작된 이후 보구녀관의 진료환경이 이전과는 달리 많이 어려워지지 않았나 짐작된다.

1913년 6월 W.F.M.S. 한국 연례회의에서 힐만 의사는 계속해서 '정동진료소' 사역을 맡았다. 어려운 형편이었지만 힐만은 최선을 다해 정동 보구녀관을 찾아오는 환자들을 치료했다. 1913년 7월 11일자 『매일신보』는 "힐만 의사가 일하는 보구병원은 1년에 3천 6백 명, 1일 약 10명의 환자를 돌보고 있다"고 소개했다. 그러나 이미 동대문에 당시로서는 최신식 건물과 시설을 갖춘 릴리안해리스기념병원이 운영되고 있었기에 정동 보구녀관의 역할과 위상은 축소될 수밖에 없었다. 정확한 시기는 특정할 수 없지만 1913년 말에서 1914년 상반기 즈음 보구녀관은 남은 역할을 모두 릴리안해리스기념병원에 위임하고 정동에서의 활동을 마감한 것으로 보인다. 1914년 6월 개최된 W.F.M.S. 한국 연례회의에도 보구녀관 활동보고서는 제출되지 않았다.

보구녀관을 마지막으로 지킨 힐만 의사는 1914년 7월 21일 일본 고베神戶에서 미국으로 향하는 배에 탑승했다. 그녀는 한국을 떠나며 김점순이라는 일곱 살 난 한국 여자아이를 입양해 데리고 갔다. 이 아이는 그녀가 한국에서 진료를 보며 알게 되었는데, 친어머니가 아이를 키우기 어려운 형편에 처해 있는 것을 보고 입양을 결심했다고 한다. 힐만 의사와 김점순은 8월 10일 샌프란시스코에 도착했고, 이후의 이야기는 알려진 바가 많지 않다. 그녀는 미국에 돌아가 W.F.M.S. 선교사직을 사임했고 시카고에 머물렀다. 이후 일리노이의학협회Illinois Medical Association 회원으로 활발한 활동을 전개했다는 기록이 있으며, 1946년 2월 3일 79세의 나이로 일리노이주 비어즈타운에서 사망했다.

2년 반 정도의 짧은 선교활동 때문인지 힐만 의사와 관련해서는 문서 기록도 적고 사진도 남아 있지 않다. 그러나 자비량이라는 독특한 방식으로 한국에 와 충분한 지원이 이루어지지 못하던 보구녀관의 마지막을 지켰다는 사실만으로도 힐만 의사는 분명히 기억되어야 할 필요가 있는 인물이다.

평양 광혜여원에서 진행된 보구녀관 간호원양성학교 졸업식

1903년 보구녀관 내에 설립된 한국 최초의 간호사 양성기관인 보구녀관 간호원양성학교는 1908년 11월 이그레이스, 김마르다라는 한국 최초의 간호사를 배출하며 어려운 환경에서도 한국 간호역사를 개척하기 시작했다. 20세기 초 여성들을 대상으로 하는 교육기관이 매우 드물었던 시기에 '간호사'라는 특정 직업인을 양성하던 보구녀관 간호원양성학교는 여성 교육사에 있어서도 중요한 의미를 가지고 있다.

개교 이후 1910년 5월까지 마가렛 에드먼즈, 알타 모리슨 간호원장의 책임 아래 운영되던 간호원양성학교는 모리슨 간호원장의 후임이 오지 않아 1911년까지 메리 커틀러 의사의 지도하에 운영되었다. 보구녀관 간호원양성학교의 새로운 책임자 나오미 앤더슨Naomi A. Anderson이 온 것은 1912년 1월 25일로 이때는 정동 보구녀관의 업무는 축소되어 가고 동대문의 릴리안해리스 기념병원은 아직 완공되지 않은 시기였다. 이에 앤더슨 간호원장은 평양으로 가서 한국 생활의 기본을 익히기 시작했다.

한편 1911년 12월 아만다 힐만 의사가 입국해 이듬해 3월 보구녀관 담당자가 되었고 커틀러 의사는 평양 광혜여원으로 임지를 옮겼다. 지금까지 간호원양성학교를 맡았던 커틀러 의사와 새로 이곳을 담당할 앤더슨 간호원장 모두 평양으로 가게 되자 기존의 보구녀관 간호사들과 간호원양성학교 학생들 역시 평양으로 임시 이전할 수밖에 없었다.

간호원양성학교의 평양 시대는 길지 않았다. 앤더슨 간호원장은 1912년 9월 학생들을 데리고 서울로 돌아가 릴리안해리스 기념병원에서의 간호원양성학교 시대를 열었는데, 양성학교 학생들 중 세 명은 평양에 남았다. 그리고 이때 남은 학생 중 한 명이었던 이희망Lee Hope이 1913년 3월 7일 평양 남산현감리교회에서 졸업식을 가졌다.

기록에 따르면 이희망은 이화학당 졸업생으로 1909년 후반에서 1910년 초 사이 보구녀관 간호원양성학교에 들어온 것으로 추정된다. 보구녀관 간호원양성학교의 정식 수업연한은 6년이었지만 이희망은 이화학당을 졸업한 학력을 인정받으며 3년여의 교육을 받은 후 간호원양성학교를 졸업할 수 있었던 것으로 보인다.

로제타 홀 의사는 *The Korea Mission Field* 1913년 5월호에 이희망의 졸업식에 대해 상세히 기록을 남겼다.

제4회 보구녀관 간호원양성학교 졸업식

평양 남산현감리교회

1913년 3월 7일 오후 8시

졸업생 이희망

1. **송영** 참석자
2. **성경 봉독과 기도** 현석칠 목사
3. **찬송 '일할 수 없는 밤이 오리니**Work for the Night is Coming**'** 보통학교 여학생들
4. **학교 연혁** 이그레이스 간호사
5. **간호원의 실제 업무 일부 / 실연** 학생 간호사
   / 설명 이희망 간호사
6. **찬송 '인애하신 구세주여**Pass Me Not**'** 맹아학교 여학생들
7. **학교의 미래** 김마르다 간호사
8. **찬송 '도우러 나가세**Help Just a Little**'** 여자의학반

— 3분간 휴식 —

9. **간호사를 위한 연설** 마츠나가松永武吉 평안남도 장관
10. **졸업생을 위한 연설** 사토무라里村 평양 위수병원장
11. **졸업장 수여** 커틀러 의사
12. **찬송 '나의 생명 드리니**Take My Life and Let It Be**'** 평양 연합학교 여학생들
13. **기도** 이하영 목사
14. **축도** 시로타城田 목사

졸업식에는 광혜여원 의료진들 외에도 마츠나가 평안남도 장관, 사토무라 평양 위수병원장과 같은 평양 지역 고위 인사들이 참석해 연설을 했다. 또 훗날 동경여자의학전문학교를 졸업하고 릴리안해리스기념병원에서 근무한 현덕신 의사의 오빠이자 당시 남산현교회를 맡고 있던 현석칠 목사, 이그레이스 간호사의 남편이었던 이하영 목사도 자리해 기도를 맡았다. 이날 행사에서는 총 네 곡의 찬송이 울려 퍼졌는데 감리교에서 운영하던 보통학교, 로제타 홀이 주관하던 맹아학교, 광혜여원 산하 홀과 커틀러가 지도하던 여자의학반, 그리고 감리교 정의여학교와 장로교 숭의여학교가 통합 운영하던 평양여자연합학교 이 네 곳 소속의 여학생들이 졸업식을 더욱 풍성하게 빛내주었다.

이처럼 이날의 졸업식은 단순히 간호사 한 명의 졸업식이 아닌 평양 지역 감리교 소속 모든 구성원들이 함께 참여하는 큰 행사였다. 이날의 모습을 전체적으로 조망하는 사진은 없지만 주인공인 이희망 간호사가 졸업장을 들고 있는 사진은 몇 장 남아 있다. 114쪽 하단 오른쪽 사진은 커틀러 의사가 이희망 간호사에게 졸업장을 전달하고 있는 모습이다. 이희망의 양 옆으로는 1회 졸업생 이그레이스와 김마르다가 서 있다.

이 사진과 배경이 같은 곳에서 찍은 이희망 간호사의 단독 사진도 있다. 이 사진에서도 역시 졸업장을 들고 있는 것으로 보아 위 사진과 같은 날 찍은 것으로 파악된다.

이희망 간호사의
졸업식이 열렸던 평양
남산현감리교회

출처 GCAH

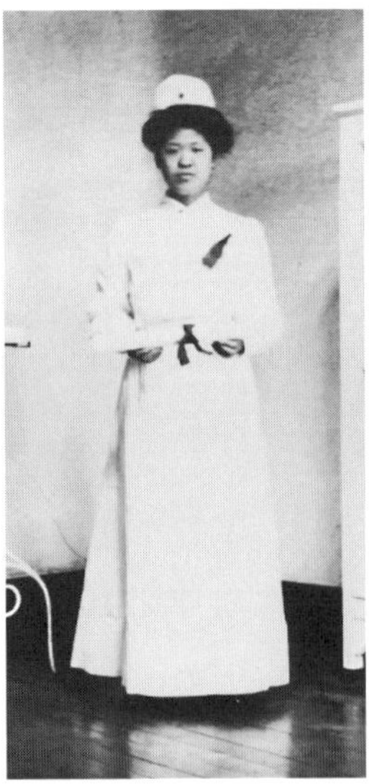

커틀러 의사로부터 졸업장을 받고 있는 이희망 간호사

출처 GCAH

졸업장을 받은 이희망 간호사

출처 『그리피스 컬렉션의 한국사진』

이희망 간호사 졸업식 날 광혜여원 직원들과 함께(1913)

출처 GCAH

1914년 W.F.M.S. 한국 연례회의 때 제출된 평양 광혜여원 보고서에도 이희망의 졸업식 날 촬영한 것으로 보이는 사진이 수록되어 있다. 위의 사진에서 왼쪽 세 번째 손에 졸업장을 들고 있는 사람이 이희망 간호사다. 졸업식 후 그녀는 서울 릴리안해리스기념병원에서 졸업간호사로서의 삶을 시작했다.

이희망 간호사의 졸업식이 있은 지 5년이 지난 1918년 4월 30일 평양 광혜여원에서는 특별한 행사가 열렸다. 이날의 행사는 커틀러 의사 내한 25주년, 평양 광혜여원 개원 20주년, 보구녀관 간호원양성학교 개교 15주년, 조선 땅에서 의학공부를 하고 의사면허를 받은 최초의 한국인 여의사가 탄생한 원년 등 총 네 가지의 사건을 기념하기 위한 자리였다.

그런데 이날 또 하나의 특별한 이벤트가 있었으니, 그것은 바로 이미 졸업간호사로 활동하고 있었지만 졸업장을 받지 못한 광혜여원의 한 간호사를 위한 졸업장 수여식이었다. 주인공은 장데이지Chang Daisy로 1912년 커틀러 의사가 서울에서 평양으로 옮겨올 때 함께 왔던 보구녀관 간호원양성학교 학생이었다. 이후 광혜여원에서 졸업간호사가 되기 위해 필요한 요건을 다 채우고 면허를 받았음에도 다른 학생들과 달리 릴리안해리스기념병원으로 돌아가지 못하고 졸업식도 하지 못해 졸업장을 받지 못한 채로 광혜여원 남아 간호사로 근무하고 있었다.

커틀러 의사 내한 25주년 기념식(1918)

출처 GCAH

옆의 사진이 이날 찍은 사진으로 가운데 앉아 있는 커틀러 의사 좌우로 김영흥, 김해지 의사가 자리하고 있다. 이날 안수경 의사는 몸이 아파 참석하지 못했다. 맨 뒷줄에는 간호사들이 서 있는데 간호사들 가운데 유일하게 가슴에 장식을 달고 있는 오른쪽 끝에 서 있는 인물이 이날 졸업장을 받은 장데이지 간호사로 추정된다. 장데이지 옆으로는 차례대로 이희망, 신원미상, 이경순, 김마르다 간호사가 서 있다.

장데이지는 이미 졸업간호사로 몇 년째 활동하고 있었기에 굳이 졸업장을 주지 않아도 큰 상관은 없었을 것이다. 그럼에도 불구하고 커틀러 의사는 자신이 주인공이었던 이 행사날에 시간을 할애하여 장데이지에게 졸업장을 전달했다. 에드먼즈 간호사와 더불어 보구녀관 간호원양성학교 설립의 주역이었던 커틀러 의사였기에 이 같은 행사 시간을 마련할 수 있었던 것이 아니었을까?

서울과 평양에서 간호사 양성에 매진한 나오미 앤더슨 간호원장

개화기, 일제강점기 한국 땅에 들어와 활동하던 선교사들을 살펴보면 부부, 형제자매, 부모자식 등 혈연관계인 이들이 적지 않게 발견된다. 당시 한국 땅에서 외국인으로서 선교활동을 하는 것이 분명 녹록치 않았을 텐데 그래도 내 가족이 같은 땅에서 함께 같은 일을 하고 있다는 사실은 큰 위로와 힘이 되었을 것이다. 이번에 살펴볼 보구녀관 간호원양성학교 제3대 원장 나오미 앤더슨 역시 미국 북감리교 의료선교사였던 오빠 알빈 앤더슨Albin G. Anderson과 함께 30여 년 가까이 한국에서 활동했던 인물이다.

1884년 10월 16일 미국 아이오와주 벌링턴에서 태어난 나오미 앤더슨은 1905년 Chicago Training School for Home and Foreign Missions에 입학했는데 이 학교는 도시, 가정, 해

나오미 앤더슨 간호원장

출처 GCAH

외에서 선교활동을 수행할 선교사들을 교육시키는 기관이었다. 그녀는 1907년 6월 이 학교를 졸업한 후 바로 몬타나주 그레이트폴스에 위치한 몬타나 디커니스 병원 간호학교Montana Deaconess Hospital School of Nursing에 들어가 간호사 교육을 받고 1910년 6월 졸업했다.

이후 앤더슨은 W.F.M.S. 노스웨스턴지부 간호선교사로 인도 바레일리 지역 의료사역의 명을 받고 1910년 11월 19일 인도로 출발했다. 그리고 인도에서 1년 여간 활동하던 중 한국으로의 이동이 결정되었다. 이에 1912년 1월 25일 서울에 도착하며 그녀의 남은 생애 대부분을 바친 한국에서의 선교활동이 시작되었다.

앤더슨 간호사가 맡은 한국에서의 첫 사역은 보구녀관 간호원양성학교 책임자였다. 그러나 그녀가 한국에 첫발을 내딛은 시기는 정동 보구녀관의 업무 대부분이 동대문 릴리안해리스기념병원으로 이전되고 있었으나 아직 릴리안해리스기념병원은 완공되지 않아 여러모로 어수선한 때였다. 이에 앤더슨은 임시방편으로 평양 광혜여원에 가서 한국어를 배우며 로제타 셔우드 홀 의사의 진료활동을 돕는 것으로 한국 생활을 시작했다.

평양에서 두 계절을 보낸 앤더슨은 1912년 9월 함께 평양에 있던 간호원양성학교 학생들을 데리고 릴리안해리스기념병원에 와 스튜어트Mary Stewart 의사와 함께 새 병원 개원 준비에 힘을 보탰다. 간호원양성학교 수업도 다시 시작했는데 1913년 봄 간호원양성학교에는 3학년 두 명, 2학년 한 명, 견습생 네 명이 있었다. 1913년 3월 평양에서 졸업식을 마친 이희망 간호사도 바로 릴리안해리스기념병원에 합류하며 앤더슨 간호원장의 조력자가 되었다.

정동에서 동대문으로 이전한 이후 첫 번째이자 앤더슨 간호원장이 처음으로 주관한 간호원양성학교 졸업식이 1914년 5월 28일 릴리안해리스기념병원과 맞닿은 동대문교회에서 진행되었다. 이날 세 명의 졸업간호사가 배출되었는데 이경순, 이레나, 이메리가 그들이었다.

앤더슨 간호원장은 스튜어트 의사와 더불어 릴리안해리스

기념병원의 개원, 그리고 안정적인 운영을 위한 밑바탕을 만든 주역이었다. 특히 스튜어트 의사가 주력한 병원의 분만 사업과 유아진료 사업은 앤더슨 간호원장이 양성한 간호사들과 학생 간호사들의 협업 하에서 활발하게 진행될 수 있었다.

한편 1914년 10월 조선총독부는 〈간호부규칙〉을 제정했는데, 이에 따르면 조선 내에서 간호활동을 하기 위해서는 조선총독부가 발급한 간호부면허를 받아야 했다. 면허를 취득하기 위해서는 총독부가 지정한 간호부 학교 또는 양성소를 졸업하거나 간호부 시험에 합격해야 했고 외국인 간호사들에게도 이 면허가 요구되었다. 릴리안해리스기념병원의 간호원양성학교는 당시 총독부가 인가한 교육기관이 아니었기에 이곳의 졸업간호사들과 간호선교사들은 총독부가 주관하는 간호부 시험에 응시해야만 했다. 1914년 12월 21일과 22일 이틀에 걸쳐 제1회 간호부 시험이 치러졌고 이 시험을 통해 앤더슨 간호원장과 이희망, 이경순 졸업간호사는 총독부가 발급한 간호부면허를 취득할 수 있었다. 합격자 명단은 1914년 12월 29일자 『조선총독부관보』에서 확인할 수 있다. 그리고 이 명단을 통해 그간 선교사들의 기록에 영문으로만 기재되었던 Ye(Lee) Hope, Ye Keung Sun이라는 간호사의 이름이 이호미李好美, 이경순李敬順이었음을 알 수 있다.

앤더슨 간호원장은 4년 반 정도의 활동 후 1916년 6월 처음 휴가를 받아 미국으로 돌아갔다. 그녀는 휴가 기간 동안 시카

1914년 보구녀관 간호원양성학교 졸업식. 왼쪽부터 이레나, 앤더슨, 이메리, 스튜어트, 이경순

출처 GCAH

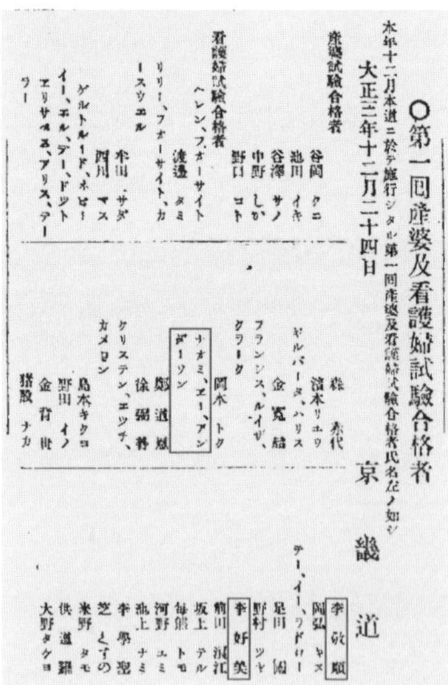

○第一回産婆及看護婦試驗合格者

本年十二月本道ニ於テ施行シタル第一回産婆及看護婦試驗合格者氏名左ノ如シ

大正三年十二月二十四日　京畿道

産婆試驗合格者

谷岡 クニ
池田 イキ
谷澤 サノ
中野 しか
野口 コト

看護婦試驗合格者

ヘレン、フオーサイト
渡邊 タミ
リリー、フオーサイト、カースツエル
本田 サダ
西川 マス
ゲルトルード、ネピー
イー、エル、デー、ドツト
エリサベス、アリス、テーラー
森 赤代
濱本リエウ
ギルバータ、ハリス
金 寬結
フランシス、ルイザ、クラーク
岡本 トク
ナオミ、エー、アンダーソン
皷道 爛
徐 弼 善
クリステン、エツチ、カメロン
島木キクヨ
野田 イノ
金 背 世
猪股 ナカ
李 敬 順
岡弘 ヤス
テー、イー、ワドバー
足田 閻
野村 ツヤ
李 好 美
精川 淑江
坂上 テル
梅熊 トモ
河野 ユミ
池上 ナミ
李 學 聖
芝 とすの
米野 タモ
供 道 羅
大野 タケヨ

제1회 산파 및 간호부시험 합격자 명단

출처 『조선총독부관보』(1914.12.29)

고선교연구소Chicago Evangelistic Institute에서 교육을 받고 1917년 가을 다시 릴리안해리스기념병원으로 돌아와 1919년 3월까지 근무했다. 이후 다시 미국으로 돌아간 앤더슨 간호원장은 1921년 W.F.M.S. 선교사직을 사임했다. 그러나 그녀의 선교사역이 끝난 것은 아니었다. 1921년 9월 이제는 미국 북감리교 선교회 소속 선교사로 파견되어 평양에서 새롭게 활동을 시작한 것이다.

1920년 평양에서는 기홀병원(감리교 소속)과 제중병원(장로교 소속)을 통합한 홀기념연합병원Hall Memorial Hospital이 새롭게 출범했는데, 이 병원에 3년제 간호원양성학교를 신설하고 담당자로 앤더슨을 임명했다. 이 병원은 1923년 광혜여원까지 합병하여 평양 연합기독병원Union Christian Hospital로 불리게 되었으며 간호원양성학교 역시 이곳에서 계속 운영되었다. 이 간호원양성학교는 1931년 10월 조선총독부의 인가를 받아 이후 졸업생들은 별도의 시험 없이 간호부면허를 발급받아 활동할 수 있게 되었다.

한편 앤더슨 간호원장은 1927년 6월 휴가를 받아 미국으로 간 후 미주리주 세인트루이스에 위치했던 Gradwohl School of Laboratory Technology에서 실험실 기술자laboratory technician 교육을 받았다. 이 학교는 당시 의학 실험실에서 필수적으로 알아야 할 기술과 이론, 오늘날로 치면 임상병리학 관련 내용을 가르치는 곳이었다.

이 학교에서 6개월간 교육을 받고 이듬해 가을 평양으로

평양 연합기독병원의 전경.
왼쪽부터 웰즈Wells기념진료소, 기홀병원, 격리병동, 광혜여원

출처 *Fifty Years of Light*

돌아온 앤더슨은 연합기독병원에서 자신이 새롭게 배운 것들을 가르치던 중 1940년 11월 일제의 선교사 추방령에 따라 길었던 한국 선교생활에 마침표를 찍었다. 이후 뉴욕의 Associated Mission Medical Office에서 실험실 기술자로 근무하던 그녀는 1943년 9월 가족들이 있던 시카고로 돌아갔다. 3개월 여간 가족, 친구들과 시간을 보낸 앤더슨은 1943년 12월 30일 한국에서 함께 활동하던 에델 버츠Ethel Butts 간호선교사가 지켜보는 가운데 사망하여 그레이스랜드 공동묘지에 안장되었다.

앤더슨 간호원장은 쉽지 않은 해외선교활동 중 단비 같이 만나는 짧은 본국으로의 휴가기간을 자신의 역량을 지속·발전 시키기 위한 배움의 시간으로 활용했다. 이러한 노력이 있었기에 자신의 인생에서 3분의 2가량의 시간을 한국에서 간호사 양성과 의료인 실험교육에 바칠 수 있었다. 부족한 것을 채우고 새로운 것을 배우며 이를 자신의 일터에서 쏟아내는 일생을 살다 간 나오미 앤더슨 간호원장의 삶은 당시 그녀에게 배우고 함께 활동한 한국인 간호사들에게도 좋은 본보기가 되었을 것이다.

보구녀관과 릴리안해리스기념병원의 크리스마스 풍경

주일학교 아이들의 크리스마스를 기쁘게 해준, 두 개의 미션박스를 보내준 고향의 친구들에게 감사합니다. 우리가 아주 귀한 수술 기구들을 살 수 있게 해준 저먼타운Germantown 교회 친구들에게도 감사드립니다. 내가 필요한 것을 말하자, 그들은 '편지를 보내 필요한 모든 목록을 보내달라'고 했습니다. 신년에는 한국 친구들이 우리에게 많은 음식을 주었기에 60명의 배고픈 아이들에게 음식을 전할 수 있었습니다. 전 이것이 연례행사가 되길 기원합니다.[1]

성탄절의 축복은 한국 여성들을 위한 작은 병원에도 내려왔다. 1913년 릴리안해리스기념병원 책임자였던 메리 스튜어트

---

1 M. Stewart, "Medical Work at East Gate Hospital", *KWC*, 1913.

의사의 보고서에는 크리스마스의 기록이 짧게 남아 있다. 동방의 고요한 나라, 조선의 크리스마스를 위한 소중한 선물들이 전 세계 각지에서 배달됐다. 선교사들은 굶주리고 헐벗은 아이들을 초대해 맛있는 저녁을 차려주었다. 병원을 위해 애써주는 경찰, 교회 신자 등 이웃들도 초대했다. 아이들은 옷과 연필, 장난감과 사탕, 구충제 등이 담긴 선물꾸러미를 받았다. 크리스천의 사랑이 가득 담긴 구호품 선물 문화는 이후로도 반세기 가까이 이어져 한국전쟁 이후에도 한국 아이들에게 큰 기쁨이 되었다.

릴리안해리스기념병원의 크리스마스 파티에서 가장 중요한 이벤트는 '목욕'이었다. 당시만 해도 목욕, 특히 전신욕은 연례행사였다. 특히 추석 이후부터 이듬해 경칩까지는 거의 목욕을 하지 않는 사람이 대다수였다. 당장 먹고살 것도 없는 굶주린 아이들에게 목욕은 일종의 사치였을 것이다. 그러다 보니 비위생적인 환경에서 기생충도 많았다. 1919년 릴리안해리스기념병원에 머물며 조선 풍속을 기록한 영국인 작가 키스Keith 자매의 책 『올드 코리아*Old Korea*』(1946)에 실린 한 의사의 말이다.

한국 사람들이 게으르다고 말하는 사람들이 있는데, 그게 다 이유가 있습니다. 바로 기생충 때문이에요. 어떤 환자에게서 무지하게 큰 촌충을 빼주었고, 또 다른 환자에게서는 십이지장충을 무려 200여 마리 빼냈어요. 이 불쌍한 여자들을 괴롭히는 것은 영양

부족과 몸속의 기생충이랍니다.[2]

크리스마스를 맞아 릴리안해리스기념병원에 모여든 아이들은 파티에 참가하기 위해서 꼭 전신 목욕을 해야 했다. 간호사들은 먼저 아이들의 옷을 벗겼다. 워낙 기생충이 많았고 '옷이랄 것도 없이 거적때기'였다고 한다. 이들은 더럽고 해충이 가득한 누더기 옷을 태워버리고, 즉석에서 옷을 만들어 입히기도 했다. 목욕과 비누가 낯선 아이들은 목욕하는 내내 악을 쓰며 울었지만, 이내 새 옷과 맛있는 음식으로 행복해했다.

릴리안해리스기념병원의 크리스마스 파티는 스튜어트 의사의 소원대로 연례행사로 이어졌고, 1914년 75명, 1917년에는 80명 등 점점 많은 아이들이 이곳에 초대받게 되었다.

크리스마스 파티에서 아이들의 시선을 사로잡은 건 '크리스마스트리'였다. 사실 트리라고 부르기에도 어색한 앙상한 나무와 저렴한 장식 몇 개에 불과했지만 한국 아이들의 마음을 빼앗기에는 충분했다. 1903년부터 한국에서 활동한 선교사 미네르바 구타펠Minerva L. Guthapfel의 책 『조선의 소녀 옥분이*The Happiest Girl in Korea*』(1911)에는 보구녀관 크리스마스트리에 대한 이야기가 있다.

---

2 엘리자베스 키스·엘스펫 키스 로버트슨 스콧, 『영국화가 엘리자베스 키스의 올드 코리아』, 송영달 옮김, 책과함께, 2020, p.72.

옥분이가 직접 쓴 편지

출처 GCAH

옥분이와 그녀를 치료해준 로제타 셔우드 홀(좌)과 커틀러 의사(우)

출처 GCAH

책 속에 등장하는 옥분이는 열 살 남짓한 소녀였다. 가난한 부모는 옥분이를 여종으로 팔았는데, 아이는 고된 노동과 매질로 두 손과 발 하나가 동상에 걸려 보구녀관 앞에 버려졌다. 결국 옥분이는 두 손과 발을 절단해야만 했다. 1906년 크리스마스 행사에서 옥분이는 구타펠 선교사에게 행복한 얼굴로 "저는 조선에서 가장 행복한 소녀"라고 자신을 소개했다. 그 이유는 다음과 같았다. 손과 발을 잘랐기에 고통도 잘려나가 더는 아프지 않을 것이고, 병원에 있는 동안은 매를 맞지 않았고 더는 배가 고프지도 않다는 것. 그리고 옥분이는 덧붙였다.

선교사님, 제가 세상에서 가장 행복한 소녀인 또 한 가지 이유가 있어요. 전 크리스마스트리를 보았어요. 전 그렇게 예쁜 걸 본 적 없거든요. 하나님은 손발이 있는 다른 사람에게 그랬던 것처럼 두 손이 없고 발도 하나만 있는 나 옥분이도 사랑하신대요. 나는 진심으로 그걸 알아요.[3]

1892년 크리스마스는 더욱 특별한 의미가 있었다. W.F.M.S.가 동대문으로 진출하여 마련한 볼드윈예배당에서 첫 예배가 치러진 날이기 때문이다. 한국 선교의 씨앗이 된 88달러를 기부했던 볼드

---

3 미네르바 구타펠, 『조선의 소녀 옥분이』, 이형식 옮김, 살림, 2008, p.21.

윈 여사를 기념하며 명명된 '볼드윈예배당'에는 아직 공사가 마무리되지 않은 상태임에도 200명 넘는 신도가 몰렸다. 성탄 예배에서 조선인 소년, 소녀 총 여섯 명이 세례를 받았다. 스크랜튼 대부인, 벵겔 선교사, 페인 선교사, 로제타 셔우드 의사 등 조선에 머물던 감리교 여선교사들 대부분이 예배에 참여했다.

이 예배당의 특별한 점은 남녀가 같이 앉을 수 있는 공간으로 건축됐다는 점이다. 당시 스크랜튼 의사의 보고에 따르면, 예배당은 제단을 중심으로 남녀 좌석이 좌우로 나뉘어 있었다. 아직 남녀 동석은 사회적으로 허락되지 않았기에 남녀 신도가 서로를 볼 수 없도록 병풍으로 중간을 막았다.

남녀가 한 공간에 모여 예배를 드린다는 것은 당시로서는 파격적인 시도였다. 이날 한 여성 신도는 볼드윈예배당에 와서 외국인 남자 목사의 얼굴을 처음 보고 깜짝 놀라 예배당 밖으로 뛰쳐나가기도 했다. 불과 4년 전인 1888년 스크랜튼 대부인이 이화학당에서 처음 주일 집회를 시작했을 때 여학생들이 한국인 남성 교사를 보지 못하게 하려고 학생과 교사 사이에 휘장을 쳤던 상황과 비교하면, 이러한 변화가 진일보한 것임을 알 수 있다. 1892년 성탄절 볼드윈예배당의 성탄 예배는 그 자체로 조선 여성들을 해방시킨 기적이었다.

Lilian Harris Memorial Hospital

병원출산 문화를 이끌어낸 릴리안해리스기념병원의 스튜어트 의사

2024년 5월 23일 이대서울병원 내 이대엄마아기병원이 첫 진료를 시작했다. 다양한 분야의 특화진료를 진행하는 이화의료원이지만 그 가운데서도 엄마와 아기를 위한 진료에 집중해온 역사는 그 뿌리가 매우 깊다.

1887년 의료 혜택의 사각지대에 있던 여성을 위한 진료공간으로 시작한 보구녀관이 1913년 릴리안해리스기념병원으로 확대·성장하게 되면서 당시 병원장이던 메리 스튜어트 의사는 산모와 태아의 안전을 위해 한국의 출산 문화를 바꾸려 노력했다.

조선시대까지 한국의 출산은 출산 경험이 있는 마을의 나이 많은 여성의 도움을 받아 집에서 진행하는 것이 보통이었다. 그러다 개항 이후 일찍이 산파 문화를 받아들인 일본인들이 조선에 거주하기 시작하며 산파라는 존재가 알려지기 시작했다.

근대식 병원이 출현하면서 전문적인 의료인이나 산파의 도움을 받아 출산하는 것이 산모와 태아의 안전에 효과적이라는 인식 역시 한국인들 사이에서 조금씩 확산되기 시작했다.

산모의 집으로 왕진을 많이 다녔던 스튜어트 의사는 늘 한국 가옥의 비위생적인 환경으로 인해 산모와 아기의 생존율이 낮아지는 것에 우려를 표하며 위생적인 시설을 갖춘 병원에서의 출산이 필요함을 이야기했다. 그렇게 한국에서 4년여를 활동하던 스튜어트 의사는 1915년 W.F.M.S. 한국 연례보고서에 다음과 같은 보고를 했다.

> 점점 더 많은 여성들이 분만을 위해 병원으로 오고 있다. 지금은 우리 병원의 인력거를 타고 병원에 오지만 예전에는 의사가 환자의 집으로 왕진을 갔다.[1]

이렇게 조금씩 병원출산 문화가 확대되어가고 있었음에도 여전히 한국인들이 병원에서의 출산을 망설인 중요한 이유 가운데 하나는 비용 문제였다. 이에 스튜어트 의사는 1916년 12월부터 무료 분만사업을 시작했다. 그리고 이 사업이 지속되기를 바

---

1 M. Stewart, N. Anderson, "Medical Report of Lillian Harris Memorial Hospital", *KWC*, 1915.

라는 미국의 한 독지가가 1917년 릴리안해리스기념병원에 245달러의 기부금을 보내왔다.

이 같은 스튜어트 의사의 노력 덕분에 한국인들 사이에서 릴리안해리스기념병원은 안전한 출산을 위해 갈 만한 병원이라는 인식이 확대·정착되지 않았을까 짐작해본다. 또한 병원 의료진이 여성으로만 구성되어 있다는 점도 여전히 남성 의사의 진료를 꺼리던 당시 여성들에게 있어서는 이 병원을 선택하는 주요 요인이 되었을 것이다.

기록에 따르면 1924년의 어느 날에는 24시간 동안 릴리안해리스기념병원에서 여덟 명의 아이가 태어나기도 했다. 그리하

일주일 동안 태어난 아기들을 안고 있는 릴리안해리스기념병원 간호사들(1924)

출처 GCAH

여 1913년 120명이던 릴리안해리스기념병원의 출산 건수는 25년이 지난 1938년에 들어서 1,184명으로, 약 열 배 가까이 증가했다.

한편 스튜어트 의사는 한국에서 활동하며 난임이 한국 가정의 큰 고통이라는 것을 알게 되었다. 그래서 난임으로 고통받고 있던 여성들을 진료해주었는데, 그녀에게 한 달 정도 진료를 받은 후 임신에 성공하는 사례들이 다수 나타났다. 이 소식이 경성에 널리 퍼지게 되면서 1914년 릴리안해리스기념병원 부인과 진료 건수는 2천 건에 육박했다.

이처럼 산모와 아기의 건강을 위해 전력을 다한 초창기 의료진들의 헌신은 오늘날까지 이화의료원 안에서 계속 이어져오고 있다.

릴리안해리스기념병원
메리 스튜어트 병원장의 하루

조선 내 외국인 선교사들을 위한 잡지 *The Korea Mission Field* 1918년 8월호에 실린 흥미로운 기사를 소개한다. 수 홉킨스Sue Hopkins가 쓴 "메리 스튜어트 의사와 함께 동대문병원에서 보낸 하루A Day with Dr. Mary Stewart at East Gate Hospital, Seoul"라는 글이다. 네 쪽 분량의 이 기사에는 릴리안해리스기념병원 메리 스튜어트 병원장의 열정적인 하루 일과가 고스란히 담겨 있다.

오전 7시 반 쯤 옷을 차려입고 기도로 하루를 시작합니다. 밤새 몰아친 폭풍우 때문에 지하실부터 체크합니다. 오전 9시 반 첫 병동으로 갑니다. 두 간호사가 아주 끔찍하고 전염성이 강한 질병에 걸린 환자들을 돌보고 있습니다. 무료 아동병동에는 결핵 환자가 두 명이 있는데, 이들은 무릎이 좋지 않은 남자아이와 엉덩이 상태가 나쁜 여자아이입니다.

1918년은 모두에게 암흑의 시기였다. 제1차 세계대전이 종전됐지만 승전국, 패전국 할 것 없이 전쟁은 처참한 상흔을 남겼다. 세계적으로 스페인 독감이 유행하면서 사망자가 속출했다. 스페인 독감은 일제 치하 조선 땅까지 전파되어 당시 기록에 따르면 조선인의 40%가량이 스페인 독감에 감염됐고, 이 중 14만 명이 사망했다. 일제의 무단통치 10년에 고통받던 조선인들은 독감 방역 실패까지 경험하며 일상적인 죽음을 목격했고 분노에 휩싸였다. 이 응축된 에너지가 이듬해인 1919년 3·1운동으로 터져 나왔다는 해석도 있다.

릴리안해리스기념병원 메리 스튜어트 병원장은 이런 소요 속에서도 강인하고 의연한 태도로 조선 여인들과 아이들을 치료했다. 그녀는 1911년 W.F.M.S. 의료선교사로서 조선에 파견되었다. 메리 커틀러와 함께 릴리안해리스기념병원 막바지 공사를 마무리했고, 1912년 초대 병원장으로 취임했다. 그 후 스튜어트는 1924년 귀국할 때까지 안식년을 제외한 대부분의 시간을 동대문에서 보냈다.

조선인을 훌쩍 뛰어넘는 큰 키와 당당한 자세. 메리 스튜어트는 항상 자신감 넘치는 여장부였다. 수 홉킨스는 앞의 기사에서 메리 스튜어트에 대해 “아무리 많은 사람이 한꺼번에 말하고 울고 신음해도 의사 선생님은 절대 중심을 잃지 않는다"고 묘사했다. 1919년 릴리안해리스기념병원에 머물렀던 키스 자매의 기록을 보자.

병원장 메리 스튜어트는 미국 캔자스주 출신 여의사였다. 자기 나름대로 일가견을 가진 만큼 편견도 있었지만, 동시에 남이 가지지 못한 용기, 근면, 그리고 깊은 신앙심을 가진 독특한 사람이었다. 거실에는 항상 성경이 펼쳐져 있었으며 매일 성경을 읽고 그날의 행동 지침으로 삼았다.

메리 스튜어트는 어느 날, 자신과 동료들이 우리를 내심 경계했다는 속마음을 털어놓았다. 서울의 외국인 공동체 내 영국에서 온 두 여자(엘리자베스 키스와 그의 언니)가 일본 정부의 첩자라는 소문이 확 퍼졌다는 것이다. 그래서 메리는 '너희가 첩자라고 내가 겁낼 줄 아느냐. 만약 첩자라면 나한테 단단히 혼이 나고 말 걸' 하고 결의를 다졌다고 한다. 하지만 첩자 이야기가 사실무근이라는 게 자연스레 밝혀졌고, 이후 재미있는 농담이 되었다.[1]

수 홉킨스의 기록 속 1918년 릴리안해리스기념병원의 모습

---

1 엘리자베스 키스·엘스펫 키스 로버트슨 스콧, 『영국화가 엘리자베스 키스의 올드 코리아』, 송영달 옮김, 책과함께, 2020, p.68.

릴리안해리스기념병원의 의료진들. 뒷줄 맨 오른쪽이 스튜어트 병원장

출처 GCAH

은 100년 전이라는 것이 믿기지 않을 정도로 체계적이다. 총 네 개 층이었던 병원의 1층에는 식당과 부엌이 있었고 2층과 3층에는 병동(일반병동, 소아병동, 개인병동 등), 수술실, 치료실, 소독실, 분만실 등이 있었으며, 4층은 간호사 기숙사로 사용되고 있었다. 각 병동과 치료실마다 담당 간호사가 상주했으며, 지나치게 지저분한 환자들을 진료 전 목욕시키는 '사회복지실social service room'까지 있었다.

특히 병동 중에는 미국 포도주스 회사 웰치의 기부금으로 조성되어 8개의 병상을 갖춘 '웰치 병동Welch Ward'이 있었다. 치과의사였던 웰치Thomas B. Welch는 성서 속 포도주를 해석하는 이중

잣대에 대해 고민하다 1869년 '취하지 않는 포도주'를 만들었다고 알려져 있다. 이후 무알콜 와인에서 포도주스라는 형태로 변형해 출시했는데, 당시 사람들이 이에 대해 '신의 축복'이라고 기뻐했다는 기록도 있다. 다만 미국의 식품기업 웰치가 어떤 인연으로 머나먼 조선 땅의 여성병원에 기부를 하게 되었는지에 대해서는 아직 알려진 바가 없다.

기록에 따르면 웰치 병동은 일종의 중환자실 같은 모습을 하고 있다. 고관절 탈구로 40일 넘게 투병한 환자와 방광 통증으로 고통받던 젊은 환자, 곤충이 폐로 들어간 환자, 수술로 회복 중인 환자 등 비교적 상태가 심각한 환자들이 웰치 병동에 머물며 치료를 받았다.

외래 환자들의 질환과 상태는 다양했다. 심장병이 심한 여성 환자는 손이 붓고 피부가 검어져서 병원을 찾았다. 종기가 네 개나 난 남성, 열흘 넘게 편도선이 부어 있던 여성, 분비선 염증으로 소양증을 느끼는 환자 등이 있었다. 위생 상태가 좋지 않았던 탓에 이발소에서 머리를 깎다 감염된 여승도 병원을 찾았다.

수 홉킨스의 기록에 따르면, 스튜어트 병원장은 한 시간에 스무 명도 넘는 외래환자를 보았다. 외래가 마감되는 저녁 6시 이후에도 환자들이 몰려들어 결국 9시가 되어서야 진료가 끝났다. 하루 14시간도 넘게 이어진 진료와 병원 경영, 미국에 비해 열악한 근무환경과 인력이었을 테지만 그럼에도 스튜어트는 전

1910년대 릴리안해리스기념병원의 모습

출처 GCAH

염병 환자를 쓰다듬어주고, 오랜만에 온 환아에게 방긋 웃어주며 따뜻한 진료를 이어갔다. 그리고 '시간은 하나님의 선물'이라는 기도와 함께 감사하며 하루를 닫았다.

영유아 건강 증진에 앞장섰던 릴리안해리스기념병원

지금은 사라졌지만 1980년대 초반까지만 해도 매년 어린이날을 즈음하여 '우량아 선발대회'가 개최되었다. 또 동네 사진관 앞 진열장에서는 튼실한 남아의 돌 기념 누드사진이 걸려 있는 걸 심심치 않게 볼 수 있었다. 국민 대부분이 힘들고 어려웠던 시절 튼튼하고 건강한 어린이가 미래 국력이 될 수 있다고 믿었던 그 시대의 바람이 투영된 모습이었다.

우량아 선발대회는 경제가 성장하면서 못 먹는 아이들이 줄어들고 아이들을 상품화한다는 인식이 높아지며 역사 속으로 사라졌다. 그래도 2010년대까지는 각 지자체에서 모유만을 먹고 자라는 아이들을 대상으로 '건강한 아이 선발대회'를 개최하기도 했다. 국민 건강의 기초가 되는 유아기 건강과 신체 발달, 건강한 인격 형성은 어느 시대이든 중요한 부분이기 때문이다.

그렇다면 이 같은 영유아 건강에 대한 관심과 그 중요성에 대한 대중적 홍보는 언제 어떻게 시작되었을까?

릴리안해리스기념병원 초대 원장이었던 메리 스튜어트 의사는 1911년 한국에 파견되어 1년 여간 활동을 펼친 후 자신이 소속된 W.F.M.S.에서 발간하는 잡지 *Woman's Missionary Friend*에 "미국에서 비누를 가져와 한국 엄마들에게 나누어준 후 아이들 목욕시키는 방법을 가르쳐주고 싶다"는 열망을 기고했다. 그리고는 릴리안해리스기념병원이 개원 후 어느 정도 자리를 잡은 1914년경부터 베이비 클리닉Baby Clinic 프로그램을 열어 5세 미만 영유아들에게 목욕과 진료 서비스를 제공하기 시작했다. 1915년부터는 병원 내에 어린이 병동도 설치했다.

이 같은 기반 하에 릴리안해리스기념병원의 영유아복지사업은 더욱 활짝 꽃피우기 시작하는데, 이를 주도적으로 진행한 이는 엘리자베스 로버츠Elizabeth S. Roberts 간호사였다. 스웨덴 출신인 로버츠 간호사는 유년시절 미국으로 이주해 간호사 교육을 받은 후 1915년 W.F.M.S. 선교사로 한국 파송이 결정되었으며, 1916년 릴리안해리스기념병원 간호사 소임을 부여받아 12월 입국했다.

서울 도착 후 그는 볼드윈진료소 건물에 아기 욕조, 비누, 타올, 의자, 이유식 조리기구 등을 비치하고 엄마들에게 아이를 데려오게 하여 아기 돌보는 법, 목욕시키는 법, 이유식 만드는 법

엘리자베스 로버츠 간호사

출처 GCAH

등을 가르치기 시작했다. 이 사업 시작 후 9개월 동안 이곳을 찾아온 엄마와 아기는 2,446명이었으며 324회의 가정방문도 진행했다. 로버츠 간호사는 이 같은 활동과 함께 지속적으로 올바른 출산교육, 산모관리, 여성과 아이들 대상의 위생교육 및 보건강좌와 위생 관련 전시회 개최 필요성에 대해서도 목소리를 높였다.

릴리안해리스기념병원의 영유아복지사업은 태화여자관(현 태화기독교사회복지관)과 손을 잡으며 더욱 확장되었다. 1921년 한국 최초의 사회복지 실천 이념을 가지고 출발한 태화여자관은 1924년 1월 태화진찰소를 개설했는데, 그곳에 파견된 것으로 확인된 의료진은 모두 릴리안해리스기념병원 소속이었던 로제타 셔우드 홀(의사), 로젠버거(간호사), 한신광(간호사 겸 산파)이었다. 이들은 아동진찰, 아동건강 관련 보건교육, 순회산파사업 등을 진행했다. 로버츠 간호사가 진행하던 가정방문 사업도 이어갔으며 진찰소에 등록해 꾸준히 정기검진을 받은 아이들에게는 시상도 했다. 당시 태화여자관 관장이었던 에드워즈Laura E. Edwards는 이들의 활동에 대해 다음과 같이 이야기했다.

> 로젠버거 양이 공중보건사업이라는 훌륭한 일을 시작했습니다. 그는 한국인 보조간호원과 함께 매일 아침 태화관 주변에 있는 가정들을 방문, 관심과 충고를 요청하는 어떤 사람이든 도움을 주고 있습니다. 매일 오후 두 시간씩 진찰소를 여는데 찾아오는 부인과 아이들이 날이 갈수록 늘어나고 있습니다. 정도가 심한 환자들은 선교회 병원으로 보냅니다. 동대문부인병원의 홀 박사가 매일 오후 두 시간씩 와서 돕고 있습니다.[1]

로젠버거 간호사가 관심을 갖고 실시한 또 다른 사업은 목욕사업이었다. 그는 어린이의 건강과 위생을 위해 자주 목욕시켜야 함을 강조했다. 1924년 한 해 동안 직접 가정을 방문해 아기를 목욕시킨 것만 290건에 달했다. 1927년에는 아예 태화여자관 안에 목욕탕을 만들고, 매주 이틀을 '목욕하는 날'로 정해 엄

---

1 L. E. Edwards, Letter to Howell, 1924.2.9.

마들이 아이를 데리고 와서 목욕을 하도록 했다. 하루 70명 넘는 아이들이 찾아와 목욕하기도 했고, '거리의 아이들'도 무료로 씻겨주었다.

1924년 5월 3일 생후 3개월에서 5세 사이의 아동을 대상으로 한 한국 최초 영유아 건강진단대회Better Baby Contest가 개최되었다. 태화진찰소 주관으로 개최된 이 행사에는 500여 명의 아이들이 참가해 인산인해를 이루었다. 첫 해의 행사가 성황리에 개최되자 태화진찰소는 이후 매년 5~6월 이 행사를 진행했으며, 해마다 참가 아동이 증가했다. 조선총독부에서도 1927년부터 5월 5일을 유유아애호일乳幼兒愛護日로 지정하여 임산부 및 유유아 무료진찰, 아동구강 무료진찰 등의 사업을 시작하다 1931년부터는 유유아애호주간으로 기간을 확대하고 우량아동 심사 및 시상도 진행했다.

『조선일보』에 소개된 1925년 건강진단대회 날의 모습은 다음과 같다.

> 순서 중에는 특별히 태화유치원의 유희창가가 만장의 흥미를 이끌었으며 '예방에 대하야'라는 연제로 여의 유영준 양의 간단한 강화講話가 있었고 간호부 한신광 양이 건강후원회에 대한 간단한 설명을 했다. 상 받은 아기들의 이름은 다음과 같으니 일등 김용문(17개월), 임표(5개월), 송신임(여, 43개월), 장주원(29개월).

1925년 건강진단대회 입상자들. 왼쪽부터 송신임, 김용문, 임표, 장주원

출처 GCAH

(…) 일 개월에 한 번씩 육 개월 동안 태화진찰소에 와서 건강진단을 행한 아기 열두 명을 뽑아 미세스 빌링스가 기증한 금빛 메달을 목에 걸어주었다. 건강진단은 3개월부터 18개월까지, 18개월부터 36개월까지, 36개월부터 60개월까지의 세 가지로 나누어 그 가운데서 각각 일, 이등 하나씩을 뽑았는바 이번 성적은 아기의 건강보다도 그 아기 위생에 대하여 더 주의하여 보았음으로 몸이 튼튼하고 모든 발육이 충분한 아기들 중에도 어머니가 매일 목욕을 시켜주지 않고 손톱발톱을 잘 깎아주지 않음으로 말미암아 입상치 못한 아기가 있음을 매우 유감이라고 유영준 양은 말하더라.[2]

2 "소아의 건강진단", 『조선일보』, 1925.5.18.

기사에서 확인할 수 있듯이 당시 태화진찰소에서 주관한 영유아 건강진단대회는 단순히 발육상태가 좋은 아이가 아닌 아이의 평소 위생상태를 매우 중요한 심사기준으로 삼고 있었다. 잘 먹는 것 못지않게 이 시기 건강을 지키기 위해서는 위생과 청결이 무엇보다도 중요했음이 드러나는 부분이다. 그리고 릴리안해리스기념병원에서는 이미 1910년대부터 지속적으로 이와 관련한 교육들을 진행하며, 위생적인 환경에서 건강하게 아이를 키우기 위한 캠페인을 그 누구보다도 앞장서 진행하고 있었던 것이다.

여성과 어린이를 위해 시작된 정동 보구녀관의 설립정신은 릴리안해리스기념병원 시기 더욱 구체적인 활동으로 꽃을 피웠다. 그리고 이는 지금까지도 이화의료원의 정체성을 떠받치는 핵심요소 중 하나로서 지켜지고 있다.

조선인 최초의 동대문부인병원장 안수경

병자들을 상대로 18년간 꾸준하게 사람을 살리는 천직을 가지신 부인의사가 계십니다. 개인으로 개업해 내 병원을 가졌으면 일평생을 간대도 신기할 것이 없지마는 외국 사람이 경영하는 병원에서 18년을 하루같이 지내었다는 것은 보통 사람으로는 못할 것입니다. 현재 동대문부인병원장으로 계신 안수경 의사를 찾았습니다. (…)[1]

1918년 3월 경성의학전문학교 제2회 졸업식. 47명의 졸업생 중 세 명은 여성이었다. 안수경, 김해지, 김영흥 세 조선인 여성이 이 땅에 서양 의학이 뿌리내린 지 32년 만에 조선에서 의학사 자격을 획득한 것이다. 조선인 여의사의 탄생을 손꼽아 기다

1 "한 직업 십오년에 보고들은 세태인정(상)", 『동아일보』, 1935.4.6.

리던 메리 커틀러는 “작은 도토리에서 큰 참나무가 나온다는 것을 분명히 보여주었다”며 기쁨을 감추지 못했다.

로제타 홀의 소개로 경성의학전문학교(이하 경성의전) 청강생이 된 김영흥, 김해지와 달리 안수경은 경성여자고등보통학교 교장의 추천으로 의학의 길을 걷게 됐다. 안수경의 부친 안왕거는 구한국 시의醫였다는 설과 교육가였다는 설이 있다. 안수경의 남자 형제인 안광천(안효구) 역시 1919년 경성의전을 졸업했다.

안수경은 의사면허를 취득한 후 메리 스튜어트 병원장이 이끌던 동대문부인병원에서 근무를 시작했다. 외국인 의료선교사들 사이에서 조선인 여의사 안수경은 조선 환자들에게 안정감

1918년 경성의전 졸업식의 주인공 김영흥, 김해지, 안수경.
뒷줄 맨 왼쪽이 로제타 셔우드 홀, 맨 오른쪽이 메리 커틀러

출처 *The Korea Mission Field*(1918.6)

제왕절개로 출산한 산모와 안수경 의사(1926)

출처 GCAH

을 주었다. 가정분만이 일반적이던 분위기 속에서 산부인과 의사 안수경을 믿고 동대문부인병원을 찾는 조선인 산모들이 늘어갔다. 이는 안수경 의사의 침착하고 자애심 넓은 성품 때문이기도 했다. 1924년 『조선일보』 기사에는 안수경 의사에 대해, "자그마한 키에 단정한 자세를 가진 이 부인에게서 받는 첫 인상은, 맑고 흰 이마와 안경 밑에 빛나는 두 눈이 어디까지나 총명한 것이 거울 같은 마음의 맑음을 보여주었다"라고 표현되어 있다.

안수경은 조선 여성들이 더 나은 삶을 살 수 있도록 다양한 사회활동도 했다. 특히 동대문부인병원 내에 무료 환자 해산실을 만들어 가난한 여성들이 안전하게 출산하고 산후조리를 할 수 있도록 지원해주었다. 1926년 6·10 만세운동 당시에는 시위 참가자 여성들의 안위를 위해 유영준, 정자영, 김순복 등과 함께 위생반으로 출장을 나가기도 했다. 소요에 휘말릴지 모른다는 우려보다 조선 여성들을 위하고자 하는 마음이 앞섰을 것이다.

경력이 쌓이면서 동대문부인병원 내 안수경의 역할은 커져갔다. 1925년 W.F.M.S. 한국 연례보고서 동대문부인병원 내용은 안수경이 직접 작성했다. 당시 안수경은 조선 여성들의 비참한 현실을 고스란히 담았다. 한번은 서울에서 300마일(약 483km) 떨어진 곳의 응급 환자를 치료했는데, 그 여성 환자는 병원에 치료비 및 기금 40원을 낼 수 없을 정도로 경제적으로 어려워 보이지 않았다고 한다. 이에 안 의사가 "왜 위급 상황에서 근처에 있는 남성 의사에게 연락하지 않았냐"고 묻자, 환자는 "남성 의사에게 가느니 죽는 것이 낫다"고 답했다. 조선에 최초의 여성병원인 보구녀관이 설립된 지 30년이 지났지만 여전히 더 많은 여의사, 특히 조선인 여의사가 필요하다는 것을 보여주는 사례였다.

의사가 된 저로서 제일 유감으로 생각하는 것은 아직까지 일반 가정에서 병원에 대한 신망이 두텁지 못한 결과 병원에만 데리고 오면 가히 살아날 수도 있는 병자까지 참혹한 주검이 되게 하는 줄 알고 나중에는 반드시 '팔자를 하는 수 있느냐' 하는 한마디 한탄으로 끌을 막아버리는 일이올시다. (…)

특히 저는 젊은 며느리를 두신 모든 시어머님께 먼저 미신을 깨치어 병원의 긴요함을 아시며 사람의 목숨을 염려하시어 며느님 중에 태기가 있는 눈치가 있거든 지체 말고 산파나 의사를 청하야다가 뜻밖의 불행을 면하시도록 하야 주시기를 바라는 바이올시다.[2]

1930년대 후반 일제의 압력으로 버니타 블록N. Bernita Block 등의 의료선교사들이 귀국한 후에도 동대문부인병원을 지키던 안수경은 1942년 여름 서울 종로 관훈정 197-9번지에 '안 산부인과'를 개업하며 동대문부인병원과의 인연을 끝냈다. 해방 후 1957년 종로 봉익동 단성사 뒤에서 공립산원을 운영하고 있다는 것이 안수경에 대한 마지막 기록이다. 20년 넘는 세월을 동대문부인병원에서 조선 여성들을 위해 바친 안수경 의사를 기리기 위한 추가 연구가 필요한 이유다.

"댁이 낙원동에 있는 줄 아는데 댁에는 몇 시쯤 가십니까"

"저는 집에는 못 갑니다. 일요일 오후에 손님처럼 잠깐 다녀오

2 "미신과 위생사상", 『동아일보』, 1921.3.5.

고 그 외에는 병원에서 유숙하고 있으며 밤중에도 일어나고 새벽에도 일어납니다. 저는 세상일은 도무지 모릅니다. 오직 나의 최선을 다하여 죽어가는 여러 사람들을 하나라도 더 살리려는 것이 나의 직무이니 세상은 그저 알아서 무엇하겠습니까."[3]

3 "한 직업 십오년에 보고들은 세태인정(상)", 『동아일보』, 1935.4.6.

W.F.M.S.의 후원을 받아 첫 국내파 여의사가 된 김영흥과 김해지

1900년 박에스더가 한국 여성으로서는 최초로 의사가 되었으나 연이어 한국인 여의사가 탄생하기에는 한국의 시대 상황과 여성교육 여건이 뒷받침되지 못했다. 그러나 1890년대부터 한국에서 의료활동을 펼치며 여성 의료인 양성에 관심이 많았던 로제타 셔우드 홀과 메리 커틀러는 계속해서 한국인 여의사를 키워내기 위한 방도 마련에 골몰했다.

1898년부터 평양에서의 활동에 주력했던 로제타 홀은 서울 보구녀관에서 근무하던 커틀러가 1912년 평양으로 오자 광혜여원 안에 여성의학강습반Woman's Medical Class을 만들었다. 그러나 여성의학강습반의 수업만으로는 여의사를 양성할 수 없었기에 로제타 홀은 당시 한국 땅에서 의사 양성교육을 하던 두 기관—조선총독부의원 부속 의학강습소(이하 총독부 의학강습소), 세브란스의학교—에 여학생의 입학 허가를 요청했다. 로제타 홀의 요청에 대해 세브란스의학교는 거절의 뜻을 밝혔으나, 총독부 의학강습소에서는 여학생들을 '청강생' 신분으로 받아주겠다고 답해왔다. 〈조선총독부의원 부속 의학강습소 규칙〉에도 1911년 규정에는 '의과생도는 조선인 남자'로 한정되어 있었으나, 1912년 12월 개정된 규정을 보면 '의과생도는 조선인'으로 변경되어 있어서 여학생들의 입학이 규정에 어긋난 특혜는 아니었다.

1914년 광혜여원 여성의학강습반에서 의사가 되기 위한 기초 의학공부를 하던 여학생 네 명이 경성의 총독부 의학강습소에 입학했다. 그러나 이 가운데 두 명은 입학 후 얼마 지나지 않아 학교를 그만두었고 나머지 두 명만이 계속 학업을 이어갔는데 이들이 바로 김영홍과 김해지이다. 두 사람은 모두 평양의 기독교 집안 출신이었다. 이들이 총독부 의학강습소에 들어가기 전 어떤 교육을 받았는지는 알려져 있지 않지만, 평양의 기독교계 보통학교와 중등학교를 다니며 의사의 꿈을 키워 광혜여원 여성의학강습반에 들어가 기초의학교육을 받았던 것으로 추정된다.

김영흥과 김해지는 로제타 홀의 추천을 받아 총독부 의학강습소에 입학한 후 강습소가 제공해준 기숙사 방에서 함께 지내며 공부했다. 학교를 다니며 필요한 비용(생활비, 식비, 서적비, 동반 보호자 비용 등)은 W.F.M.S.의 지원을 받았다. W.F.M.S.에서는 이후에도 의사가 되기 위해 의학공부를 하는 한국인 여학생들에 대한 지원을 이어갔는데 김영흥과 김해지가 그 첫 번째 수혜자였다.

이들이 총독부 의학강습소에 입학했던 1914년 3월 의학강습소가 〈의사규칙〉에서 규정하는 의학교로 지정되면서 졸업생은 무시험으로 의사면허증을 받을 수 있게 되었다. 그리고 3학년이 되던 1916년 4월 총독부 의학강습소는 경성의학전문학교(이하 경성의전)로 전환되며 독립적인 의학교육기관이 되었다.

『매일신보』 1916년 9월 23일자에 실린 "해부실解剖室의 이채異彩"라는 기사에서는 당시 경성의전에서 공부하고 있는 여학생들을 다음과 같이 소개하고 있다.

> 의학전문학교 제삼학년 남자 생도 이십여 명 중에 여학생 3인이 섞이어 있어 지금 주야로 열심 수학하여 남학생만 못하지 아니한 성적을 나타냄은 일반이 안다하지 못할지니 그 여학생의 성명을 들어 말하건데 안수경, 김해지, 김영흥 등의 세 사람이라. (…) 그 삼인은 모두 학년시험을 보지 않고 남학생의 진급함을 따라 지금은 삼학년에서 수학하게 되였는 바 모두 열심으로 연구하여 성적도 상당하다 하겠으며 제일조선은 남녀의 구별이 심하여 부인의 병에는 여자의 의사로 진찰케함이 편리한 점이 많으리라 생각하노라.[1]

---

1 "해부실의 이채", 『매일신보』, 1916.9.23.

김영흥, 김해지와 함께 기사 속에 언급된 안수경은 경성여자고등보통학교를 졸업한 후 이 학교 교장의 추천으로 경성의전에 입학했고 경성의전 졸업 후 릴리안해리스기념병원에서 20년 이상 헌신하며 한국인 최초 병원장을 역임한 인물이다.

1918년 3월 26일 오전 10시 경성의전 강당에서 제2회 졸업식이 열렸다. 이 자리에서 남학생 44명과 함께 김영흥, 김해지, 안수경 세 명의 여학생이 당당히 졸업생으로 자리하여 졸업장을 받았다. 한국 여성이 한국 땅 안에서 공부를 하고 의사로 탄생하는 첫 번째 순간이었다. 4월 조선총독부로부터 정식 의사면허를 발급받은 이들은 각자 의사로서의 활동을 시작한다.

김영흥은 졸업 후 릴리안해리스기념병원에서 잠시 근무하다 고향인 평양으로 돌아가 활동하며 1920년 독립운동에 가담해 검찰에 송치되기도 했다. 같은 해 7월 31일부터 8월 3일까지는 평양의 기성 의사회가 개최한 위생강연대회에서 '하기위생방법' 강연자로 참석했다. 1921년 여름 로제타 홀이 인천 율목리 237번지에 '인천부인병원'(현 인천기독병원)을 개원했는데, 평양에 있던 김영흥을 초빙해 병원의 운영을 맡겼다. 김영흥은 1926년까지 인천부인병원에서 근무하다 다시 평양으로 돌아가 개업을 한 것으로 보이나 이후 행적은 알려지지 않고 있다.

김해지는 1918년 경성의전 졸업 후 바로 고향인 평양으로 돌아가 당시 그곳에서 활동하고 있던 커틀러 의사와 함께 광혜

1918년 3월 26일 경성의전을 졸업한 최초의 국내파 여의사들.
앞줄 왼쪽부터 김해지, 김영흥, 안수경. 뒷줄 왼쪽부터 로제타 셔우드 홀, 메리 커틀러

출처 GCAH

여원에서 진료활동을 시작했다. 1921년 6월 21일 평양 남산현감리교회에서 안주군 창덕병원 원장이던 안창덕安昌德과 결혼했으나, 안창덕은 1926년 당시 평안도 지역에서 유행하던 장티푸스에 걸린 환자들을 진료하다 감염이 되어 3월 19일 사망했다. 안창덕과의 사이에서 아들을 하나 두었던 김해지는 1928년, 김영흥도 근무한 바 있던 인천부인병원으로 자리를 옮겨 의사로서의 활동을 이어갔다. 김해지가 언제까지 인천부인병원에서 진료를 이어갔는지는 확인되지 않으며, 1938년 10월 15일 "폐업으로 의사면허를 반납한다"는 기록만이 남아 있다.

이처럼 W.F.M.S의 지원을 받아 의사가 된 김영흥과 김해지는 의사가 된 후에도 감리교 선교회 및 로제타 홀과의 인연을 이어가며 의료활동을 지속했다. 자료의 부족으로 이들의 마지막 행적까지 확인하지 못하는 것이 아쉽지만 열악한 환경에서도 어떻게든 한국인 여의사를 양성하려고 했던 로제타 홀과 커틀러의 노력, 그리고 그들의 도움을 바탕으로 남들이 가지 않은 길을 개척하고자 했던 김영흥과 김해지의 의지는 이후 이 땅에서 배출된 수많은 여의사들의 귀감이 되었다. 쉽고 편한 길보다 어렵고 돌아가는 길을 택하더라도 그것이 새로운 길을 개척하는 방법이라면 주저 없이 나아갔던 한국 여성의료역사 속 선각자들의 모습을 되새겨본다.

일제강점기 로젠버거 간호사의 영유아 대상 우유급식사업

지난 7년간 아동사업을 해온 결과, 우리 아이들도 잘만 먹이면 6개월까지 완벽하게 성장함을 알 수 있었다. 한국은 아동사망률이 대단히 높은데 1~2살짜리 아기들이 특히 많다. 바로 그 시기가 아이 성장의 기초가 되는 때이다. (…) 또한 한국에서는 열 살 미만 아이들의 사망률이 50%에 이르고 있다. 그러니 어째서 이렇게 많이 죽는지 살펴봐야 하지 않겠는가? 미국과 비교하면 한국은 무려 75%의 손실을 입고 있는 것이다. 이렇게 된 가장 큰 이유 중 하나는 아이들의 영양상태가 아주 심각하다는 것인데, 아이들이 우유를 마시며 양육되지 않는다는 것이다.[1]

1 E. Rosenberger, "Child Welfare and Public Health", *KWC*, 1930.

엘마 로젠버거 간호사

출처 GCAH

앞의 글은 1930년 당시 태화여자관 내 태화진찰소에서 영유아 복지사업을 담당하던 엘마 로젠버거Elma Rosenberger 간호사가 작성한 보고서 가운데 일부이다. 이 보고서에서 로젠버거 간호사는 한국 영유아들의 영양 부족 상태가 아주 심각함을 지적하며 아이들에게 우유를 먹이지 않고 있는 것을 그 원인 중 하나로 짚었다.

로젠버거는 W.F.M.S. 소속 간호선교사로 1921년부터 릴리안해리스기념병원에서 근무를 시작, 1924년부터는 태화여자관에서 영유아 보건사업을 담당하고 있었다. 영유아 진료, 목욕사업, 아이건강대회 개최 등의 사업을 진행하며 건강한 아동을 키우기 위한 방법과 그 중요성에 대해 지속적으로 한국인들에게 알리고 교육시키는 것이 그녀의 주된 업무였다.

이 사업들과 함께 1928년부터 로젠버거 간호사는 우유급식사업을 추진했다. 한국에서 영유아들에게 우유급식을 시작한 사람은 1925년 W.F.M.S. 소속 선교사로 공주 지역에서 유아복지사업을 담당하던 마렌 보딩Maren P. Bording 간호선교사였다. 보딩 간호사는 우유급식사업을 시작한 후 2년 정도가 지나 작성한 보고서에서 한국 전체 영아사망률이 35%인 것에 비해 자신들의 복지사업 혜택을 받은 영아사망률은 5%에 불과하다는 사실을 언급했다.

로젠버거 간호사는 보딩 간호사의 뒤를 이어 1928년 10월 태화여자관에서 우유급식사업을 시작했다. 그런데 당시 우유는 서양인들에게나 익숙한 것이었지 한국 사람들에게는 '소젖'을 먹는다는 게 여간 이상한 일이 아닐 수 없었다. 그러나 제대로 먹지 못해 죽어가던 아이가 우유를 먹고 살아나는 것을 보자 점차 한국인들 사이에서도 우유에 대한 선입견이 사라지기 시작했다.

그렇지만 1920년대 한국 땅 안에서 우유를 조달하는 것은 쉬운 일이 아니었다. 19세기 말 개신교 선교사들이 한국에서 거주하기 시작하며 자신들의 주된 양식으로 우유를 찾았지만, 당시 국내에서는 우유 생산이 전무했기 때문에 이들은 우유 대신 가공된 연유를 먹었다. 시간이 흐른 1920년대라고 해서 우유 생산 상황이 나아질 이유는 없었다. 그렇지만 우유에 대한 수요가 늘어난 것은 분명했기에 선교사들은 미국으로부터 우유 수입 비용을 후원받기도 했으며 젖소를 대신한 염소 사육을 계획하기도 했다.

우유 수급이 어려운 상황에서 로젠버거가 태화여자관에서 시작한 급식사업은 우유가 아닌 콩젖, 즉 두유soy milk를 보급하는 것이었다. 콩젖은 북경협화의학교Peking Union Medical College의 어니스트 조Ernest Tso 의사에 의해 개발되었다. 메주콩을 주 원료로 하는 콩젖은 콩을 갈아 가루로 만들고 거기에 물과 설탕 및 다른 영양분을 섞어 만든 영양식이었다. 선교사들은 사람들 앞에서 직접 콩젖 만드는 과정을 시연·시음하며 그것의 안전성을 입증했다.

공주 지역 우유급식소

출처 *Fifty Years of Light*

로젠버거는 1931년 4월 15일~17일 『조선일보』에 콩젖을 만들어 먹이는 법과 그 효능에 대해 매우 자세하게 소개하는 글을 게재했다.

◆ **만드는 법**

1. 콩을 두 조각으로 가르고 껍질은 제거할 것
2. 만들려고 하는 분량만 잘 씻을 것
3. 콩을 콩 분량에 8배 되는 깨끗한 물에 넣고 하룻밤 동안 불릴 것
4. 맷돌로 곱게 갈 것
5. 콩을 갈 때 물을 더 붓지 말고 갈며 맷돌까지 부신 후 다 함께 끓일 것
6. 체로 받치면 완성

◆ **먹이는 법**

1살 이상 어린아이 설탕과 소금을 좀 더 타서 매일 3~4잔씩 먹이면 발육에 유익하다.

1살 이하는 특별한 준비 필요 먼저 콩젖 1000g을 따로 준비한 후 다른 그릇에 설탕 60g, 전분 20g, 젖산칼슘 3g, 소금 1g을 섞은 후 끓인 콩젖을 조금씩 부어 고루 개인 후 이 혼합물을 콩젖에 조금씩 천천히 붓는다. 이후 다시 이중 냄비에 30분 동안 끓여 완성한다. 먹이는 분량은 연령과 체중에 따라 다르다.

만드는 법이 쉬운 듯 보이기도 하지만 꽤 손이 많이 가기에, 로젠버거는 이런 준비를 가정에서 하기 어려우므로 누구든 원하면 태화진찰소에 찾아와 콩젖을 받아 아이들에게 먹일 것을 독려했다. 이렇게 영유아 건강 증진을 통한 아동사망률 저하를 위해 도입된 콩젖은 빠르게 확산되었고 1938년 로젠버거는 이제 콩젖이 전국에서 쓰이고 있다고 말했다.

태화여자관의 단체 우유급식

출처 태화복지재단

오늘날 우리가 당연하게 여기는 많은 일들은 그 시작점에서는 큰 용기와 도전이 필요했음을 역사를 통해 배운다. 1910년대 산모와 아기의 건강을 위해 병원출산문화 확산을 주도했고, 1920년대에는 위생교육과 영양교육을 통해 영유아 건강 증진에 앞장섰던 릴리안해리스기념병원과 태화진찰소의 직원들. 그들이 보여준 용기와 도전, 그리고 헌신은 오늘날 이대엄마아기병원의 정신과 가치로 이어지고 있다.

로제타 셔우드 홀이 세운 또 다른 W.F.M.S. 병원, 인천부인병원

로제타 셔우드 홀은 1921년 6월 인천 율목리 237번지에 있는 낡은 집 한 채를 사들였다. 1890년 제물포를 통해 조선 땅에 들어온 지 30여 년, 로제타 홀의 나이 56세가 되던 때였다. 로제타 홀은 그 집의 이름을 제물포여자진료소The Chemulpo Women's Dispensary(이하 본문에서는 당시 신문기사에 근거해 '인천부인병원'이라 지칭)라고 지었다. 당시의 상황은 1921년 10월 30일 『동아일보』 기사에 잘 담겨 있다.

조선은 예전부터 남녀의 분별이 심하여 다른 남자는 물론이오 자기 종족간이라도 소위 촌수만 조금 멀면 상면相面을 불허하는 일종의 습관이 있어 불행 질병이 걸려 고통할지라도 비상한 위증이 아니면 남자 의사의 진찰을 받지 않는 터이라. 이로 인하여 지금까지 우리 사회 중 여자계에 곤란과 위험이 적지 않은 것은 공인하는 바이라. 이를 감한 경성 동대문 내 홀 병원장 홀 부인은 인천에 부인병원 구원기관이 없음을 개탄하여 지난 7월에 인천부 율목리에 우선 오천원 가격의 가옥을 구입하여 부인의원을 설립하고 이미 총독부의학교를 졸업하고 오래동안 평양시에서 자유로 개원하여 우리 부인사회에 다대한 편의를 보급하던 김영흥 여의사를 청빙하여 목하 개업 중인바 원장 홀 부인은 지난 26일 오후 2시경 당지 유지 인사를 청하여 원내에서 피로연을 열었는데…[1]

이 병원은 W.F.M.S.가 서울의 보구녀관과 릴리안해리스기념병원, 평양의 광혜여원에 이어 인천에 설립한 또 다른 여성전문병원이었다. 당시 서울에서 활동하던 로제타 홀이 병원 부지를 매입하고 설립의 중책을 맡았으나 실제 진료는 1918년 경성의학전문학교를 졸업하고 평양에서 활동하고 있던 김영홍 의사가 맡아 시작했다. 언덕 위 낡은 초가집이었던 병원은 난방도 제대로 되지 않는 열악한 상황이었지만 인천과 주변 섬 지역, 경기도, 나아가 충청도 지역의 환자들까지 모여들었다. 1923년부터는 코스트럽Bertha Alfrida Kostrup 간호사가 파송되어 1940년 일제에 의해 본국으로 강제 송환될 때까지 인천부인병원에서 헌신했다.

---

1 "인천에 부인의원", 『동아일보』, 1921.10.30.

인천부인병원의 김영흥 의사(좌)와 로제타 홀(중)

출처 GCAH

일제강점기 당시 사용한 인천부인병원 건물(1955년경)

출처 인천기독병원

1926년 W.F.M.S. 한국 연례보고서에 따르면 “의약품과 건물의 한계에도 불구하고” 연간 5천여 명의 환자가 진찰받고 약을 처방받았으며, 1928년 보고서에서는 매주 월요일마다 병원에서 유아클리닉, 강습회 등을 진행한다고 밝혔다. 김영흥 의사에 이어 1926년부터는 동경여자의학전문학교를 졸업한 전혜덕이 2년여 간 진료를 담당했고, 1928년부터는 김영흥의 의학교 동기였던 김해지가 맡았다. 1931년 보고서에서는 김해지 등 근무하는 의료인들을 ‘찬란한 직원들’이라고 표현하며, “인천지방 부녀자들은 이 작은 병원으로부터 몸과 정신 모두에 큰 도움을 받고 있다”고 언급하기도 했다.

인천부인병원은 1931년 후원금을 바탕으로 새 진료소 건물을 신축하며 인천 지역 여성과 아동건강 및 위생을 책임지는 든든한 보루가 되었다. 그러나 1940년 11월 일본과 미국 사이에 태평양전쟁의 전운이 감돌며 한국에 머물던 감리교 선교사 대부분이 본국으로 돌아가게 되었다. 이로 인해 인천부인병원은 문을 닫을 수밖에 없었다. 이후 병원은 한국인 감리교 유지재단에서 관리했으나, 1944년 일본 정부에 의해 병원 건물이 인천부윤에게 매각되는 아픔을 겪었다.

해방 이후 1948년 감리교 유지재단이 다시 병원 건물을 환수했으며, 1952년 5월 이곳에서 인천기독병원이 새롭게 문을 열었다. 그리고 1971년 학교법인 새빛학원을 설립해 감리교로부터 재산권을 이양받아 오늘에 이르고 있다. 2021년에는 병원의 뿌리인 인천부인병원 설립자 로제타 셔우드 홀의 정신을 계승하고자 '로제타 홀 기념관'도 개관해 운영 중이다.

조국과 여성을 위해 헌신한 의사이자 독립운동가 현덕신

지금 생각하면 내가 어째서 여의사가 되기를 결정했던고, 생각할수록 이상하다. 그러나 내가 의사가 되려는 동기만은 퍽 순결했으니, '어떻게 하면 조선 여자들을 위해 도움이 될까. 조선 사회에 유익한 인물이 될까' 생각하다가, 병이 들어 죽을지언정 남자에게 보이지 아니하려고 하는 조선 여자들을 위해 봉사적 생활을 하는 것이 거룩한 사업이라고 생각하고 결정한 것인데.[1]

1920년대 릴리안해리스기념병원에서 근무한 현덕신 선생은 1896년 황해도 해주에서 1남 2녀의 막내로 태어났다. 아버지가 일찍 돌아가시는 바람에 오빠 현석칠의 보호 아래 성장했다.

---

1 현덕신, "여의사가 되기까지의 고심기", 『신가정』 3-11, 1935.

15세에 서울로 유학 와 이화학당 중등과를 마친 후, 로제타 홀의 권유로 일본 동경여자의학전문학교로 유학을 갔다.

유학생활은 쉽지 않았다. 돈이 없어 배곯기 일쑤였고, 한국식으로 예의를 차리다 무안을 당하기도 했고, 특히 언어가 통하지 않아 고생했다. 특히 처음 해부수업을 들은 후에는 악취와 공포가 떠나지 않아 나흘간 밥도 제대로 못 먹을 정도였다고 고백했다. 그럼에도 '한번 의학에 뜻을 두었기에 기어이 마치리라'는 다짐으로 그 시간을 견뎌냈다.

힘겨운 유학생활 중에도 그는 조국인 조선을 잊지 않았다. "네가 어디 출신이며, 지금은 우리 민족이 일본의 지배를 받고 있지만 언젠가 떳떳하게 내 나라를 되찾을 수 있다는 희망, 우리 민족의 존재를 잠시도 잊어서는 안 된다"는 오빠의 말을 가슴속에 새겼다.

1919년 일본 동경 조선기독교청년회관에서 진행된 2·8 독립선언에 현 선생은 황애시덕, 김마리아 등 이화학당 동창들과 함께 참여했다. 그는 혼자 마련한 거액의 후원금 40원을 지원했는데, 이는 가난한 유학생의 두 달치 학비에 달하는 큰돈이었다. 1년 후인 1920년 3월 1일에는 동경 히비야日比谷공원에서 벌어진 '재동경조선학생독립만세' 사건으로 검속되어 이후 일본 경무국 1급 요시찰 인물이 되었다. 훗날 그는 가족들에게 "동경여의전 병원 담요를 몰래 조선 학생들에게 가져다주고 모금활동에 동참했다. 조선인으로서 당연한 일이자 나에게는 생활이었다"고 당시를 회고했다.

1921년 11월 22일 한국 여성으로는 세 번째로 동경여자의학전문학교를 졸업하고 귀국한 현덕신은 조선총독부의원에서 2년간 수련의 과정을 거친 후 1923년 릴리안해리스기념병원에 합류했다. 당시에 대해 현 선생은 훗날 "은인, 홀 선생 덕에 비로소 의사 노릇을 할 수 있었다. 릴리안해리스기념병원에서 5년 근무 후, 어느 곳으로 가든 큰 실수는 하지 않을 정도의 의사가 되었다"고 겸손하게 표현했다. 그는 병원 진료 외에도 간호원양성학교 학생들에게 간호학과 생리위생학을 가르쳤고 태화여자관에서 영어수업도 했다.

현덕신이 어떤 의사였는지 가늠할 수 있는 이야기가 하나 있다. 1926년 어느 날 새벽 2시경 한 청년이 찾아와 급한 산모가 있으니 도와달라고 왕진을 청했다. 서둘러 왕진가방을 챙겨들고, 잠시 헝클어진 긴 머리를 가다듬고 환자의 집으로 향했지만 이미 임산부와 아이는 모두 목숨이 꺼진 뒤였다. 그는 슬퍼하며 "의사가 머리 손질 좀 안 했다고 어떻게 되는 것도 아닌데, 사소한 일 때문에 한꺼번에 두 생명을 잃었다"고 자책했고, 이후 평생을 단발머리로 생활했다고 한다.

1927년 독립운동가이자 동아일보 기자였던 남편 최원순 선생의 건강이 고문후유증으로 악화됐다. 이에 현덕신은 릴리안

릴리안해리스기념병원 시절 현덕신(좌)과 최원순과의 결혼식(1923.6.16)(우)

출처 이화의료원

릴리안해리스기념병원 근무 당시 현덕신(왼쪽 끝)과 안수경(오른쪽 끝)

출처 GCAH

해리스기념병원을 떠나 남편의 고향인 전라남도 광주로 함께 내려가 10월 30일 호남 지역 최초의 여성병원인 '현덕신의원'을 개원해 광주 지역 여성의료 보급과 발전의 초석을 마련했다. 병원이 위치했던 광주 수기옥정 350번지(현 광주광역시 동구 금남로4가 75~77번지 일대)는 일제강점기 광주 최고의 번화가였던 본정(현 충장로)과 명치정(현 금남로)을 끼고 있었기 때문에 환자들이 쉽게 접근할 수 있는 최적의 입지조건을 갖추고 있었다. 이후 병원은 당시 전라남도청사 인근의 동구 남동 40번지로 이전했는데, 이 부지는 광주 유지 정수태가 현덕신의 공헌에 감사함을 표하고자 제공한 것이었다. 호남은행 창립자 현준호는 입원실을 갖

광주 현덕신의원의 위치. 1번이 수기옥정, 2번이 남동 병원이 있던 자리.
실선 길이 본정, 점선 길이 명치정이다.

출처 『광주면세일반』(1926), 광주역사민속박물관 소장

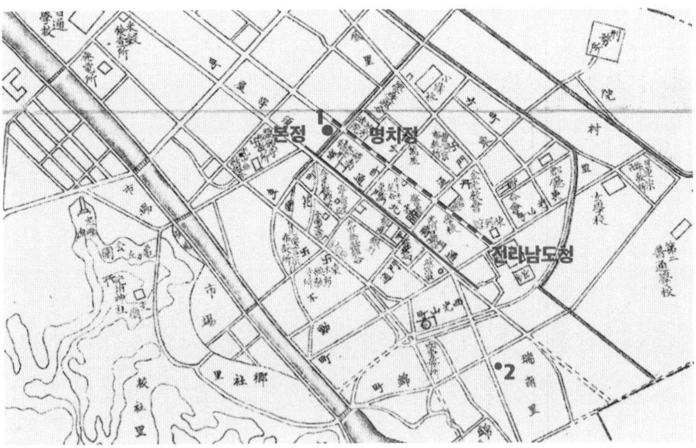

춘 건물을 지을 수 있도록 자금을 융자해주었으며, 광주의 또 다른 부호 정상호는 병원의 의료장비와 의약품을 지원해주었다.

1936년 남편의 사망 이후 현덕신은 광주 YWCA 활동에 적극 나서며 여성의 지위 향상과 개화, 나라의 독립을 위한 투쟁 정신을 심어주고 기독교 전도사업에도 힘을 쏟았다. 해방 후에는 광주 지역 여성 지도자로서 전국여자대회 광주대표(1946), 광주 YWCA 이사(1947), 대한부인회 전라남도지부장(1950) 등에 선임되어 여성운동을 이끌었다. 1949년에는 병원 내에 '신생유치원'을 설립하여 독립된 조국의 미래를 위한 유아교육에 힘썼으며, 1951년 유아보육교사 양성을 위한 '신생보육학교'도 설립(1978년 2월 폐교)하여 아들 최상옥과 함께 운영했다.

고등학생 시절까지 현덕신 선생과 함께 살았던 손자 최영훈(전 조선대학교 미술대학 학장)은 꼿꼿하고 당당하던 할머니의 모습을 생생히 기억했다.

돌이켜보면 한 번도 우리 식구끼리 점심, 저녁을 먹은 적이 없었다. 매번 할머니를 만나러 오는 사람들과 함께 식사를 했다. 할머니의 병원은 광주 시내에서 문학, 음악, 미술하는 사람들이 모여드는 일종의 '문화 살롱'이었다.

흔히 독립운동가 후손들은 살림이 어렵다고 하지만, 우리 후손들이 이만큼 살 수 있었던 것은 할머니가 이화학당에서 닥터 홀을 만나 의사가 되어 동대문부인병원에서 수련받은 덕분이다. 우리 후손들은 닥터 홀, 그리고 이화에 한없이 감사를 표한다.

1963년 7월 5일 67세의 나이로 세상을 떠날 때까지 평생 의료현장을 누비며 여성운동과 유아교육에 앞장섰던 현덕신. 그의 묘비명에는 "여성을 위한 횃불 — 한 지사의 슬기로운 아내, 한 아들의 알뜰한 어머니, 그리고 나라의 딸들을 길러 겸허한 삶을 다했다"고 기록되어 있다. 대한민국 정부는 2020년 현덕신과 최원순 부부에게 독립유공자 건국포장을 수여했다. 현덕신의원은 이제 사라지고 없지만, 현재 광주광역시 동구 인문산책길 코스 중 하나인 '광주정신원형길' 탐방장소에 남동 40번지 현덕신병원터가 포함되어 현덕신과 그의 업적을 잊지 않기 위한 노력이 계속해서 이어지고 있다.

일제강점기 동대문부인병원에 대한 자료가 부족한 가운데에서도 뒤늦게나마 현덕신 선생의 진취적이고 활발했던 활동들이 정리되어 오늘날 우리에게 다시 소개된 것은 무척 다행한 일이다.

첫 한국인 개신교 목사의 딸들, 여의사 한소제와 김로다

딸이 있거든 의사가 너무 많을 염려는 마시고 의학공부를 시켜 하나님의 일을 행하게 하십시오.

평소 로제타 셔우드 홀이 딸을 가진 교회 신도들에게 자주 하던 이야기였다.

조선은 1876년 개항 후 1882년 조미수호통상조약을 체결하며 서양과 본격적인 교류를 시작한다. 1884년 중국에서 활동하던 개신교 의료선교사 알렌Horace N. Allen이 조선에 입국했다. 알렌 이전에도 조선에 왔던 개신교 선교사들은 있었으나 통상조약 체결 후 입국한 것은 알렌이 최초였다. 물론 아직 종교의 자유가 완전히 보장된 것은 아니었지만, 그래도 조선 후기 천주교가 처음 들어왔을 때 박해를 받았던 상황만큼은 아니었다.

1885년부터 본격적으로 들어온 개신교 선교사들은 서울과 개항장이었던 인천, 부산, 원산을 중심으로 활동을 시작하다 점차 그 범위를 확장해갔다. 물론 선교사들이 본 거주지를 떠나 다른 지역으로 이동하는 것은 여전히 위법이었고 이들의 포교활동이 전면 허용된 것도 아니었지만 개신교 선교사들은 별다른 탄압을 받지 않고 선교활동을 펼치고 있었다. 그런데 1894년 5월 평양에서 개신교 박해사건이 발생한다.

이 박해사건은 보구녀관에서 근무하던 로제타 셔우드 홀 가족의 평양 이주가 불씨가 되었다. 1894년 5월 감리교 평양 지역 선교 담당자 윌리엄 제임스 홀이 부인 로제타 셔우드 홀과 아직 돌도 지나지 않은 아들 셔우드 홀Sherwood Hall을 데리고 평양에 도착했다. 윌리엄 제임스 홀 의사는 감리교에서 평양으로 파견한 최초의 선교사였다. 서양인 어린아이가 나타났다는 소문이 평양 시내에 삽시간으로 퍼졌고, 셔우드 홀을 보기 위해 평양 사람들이 구름떼처럼 모여들었다.

이에 평소 서양 선교사들과 기독교인들을 못마땅하게 여기던 일부 평양 관리들이 '유교 존숭과 외국인 추종자 방지'라는 명분을 내세워 이들을 체포하고자 했다. 평양감사 민병석閔炳奭은 "서양인들은 잡을 수 없으니 조선인들만 잡으라"는 명령을 내렸다. 그리하여 감리교 선교사 홀의 조사助事였던 김창식金昌植, 장로교 선교사 마펫의 조사였던 한석진韓錫晉 외 여섯 명의 개신교 신도들이 5월 10일 새벽 1시경 평양 관아에 끌려가 혹독한 심문을 받았다.

김창식과 한석진은 서로 교파는 달랐지만 평양 지역에서 함께 전도활동을 하고 있었고, 홀이나 마펫이 평양을 비울 때면 이들이 선교사들의 빈자리를 채우며 교회를 꾸려가는 등 끈끈한 협력 관계에 있던 사이였다. 각 교파의 대표 격이었던 둘은 관아에서 배교를 강요받으며 혹독한 형벌을 받았다.

이들이 이 같은 박해에 시달리는 동안 윌리엄 제임스 홀은 미국과 영국 영사관에 연락해 이들의 석방을 요청했고, 각 영사관들이 조선 정부에 연락을 취해 고종이 이들에 대한 즉시석방 명령을 내렸다. 결국 김창식과 한석진은 사건 발생 약 42시간 만인 5월 11일 오후 7시경 석방되었다.

이 1894년 평양박해로 모진 수난을 당한 김창식과 한석진은 이후 목사 수업을 받았다. 그리고 김창식은 1901년 5월 서울 상동교회에서 한국 교회 최초로 목사 안수를 받았으며, 한석진은 1907년 9월 17일 평양 장대현교회에서 장로교 최초의 한국인 목사가 되었다. 일찍부터 서양 문물에 눈을 뜨고 서양의 종교를 받아들인 이들은 자녀들도 기독교계 학교에서 신식교육을 받게 했다. 그 결과 김창식의 1남 2녀 중 막내딸 김로다와 한석진의 3남 3녀 중 장녀 한소제는 1920년대에 여의사가 되어 릴리안해리스기념병원과 인연을 맺게 된다.

김창식 목사(좌)와 한석진 목사(우)

출처 GCAH(좌)

한소제는 서울 승동여자보통학교를 졸업하고 정신여자고등보통학교를 수료한 후 일본으로 유학을 가 동경여자의학전문학교에 입학해 의학공부를 하고 1923년 11월 2일 졸업하여 의사가 되었다. 귀국 후 조선총독부의원에서 진료 경험을 쌓은 후 1924년 아버지 한석진이 활동하던 신의주에 태성당의원을 개업했다. 그러다 1926년 미국으로 유학을 떠나 앨비온대학과 워싱턴대학에서 공부를 하고 1929년 귀국했다.

귀국 후 남편 신동기申東起의 고향인 전주로 내려가 대동의원을 개업·운영하다 서울로 올라온 한소제는 1936년 12월 릴리안해리스기념병원 안에 신설된 경성탁아소 주치의로 근무하기 시

김창식 목사 가족사진

출처 *Within the Gate*

작했다. 그녀는 탁아소 주치의로서 칼럼 작성, 대담 참여, 탁아소 인터뷰 등의 언론활동도 적극적으로 펼쳤다. 해방 후 1946년 한국 걸스카우트 창립에 주도적인 역할을 하면서도 돈암동에 삼봉의원을 개원하여 의사로서의 활동 역시 놓지 않았다. 오늘날의 서울 혜화동 주민센터는 한소제가 1930년대에 건축하여 1962년 미국으로 이민을 가기 전까지 거주했던 가옥이다.

김로다는 1924년 3월 이화학당 대학과를 졸업하고 태화여자관의 야학강사로 활동을 하다 의사가 되기 위해 중국으로 유학을 떠났다. 그는 같은 이화학당 대학과 출신이던 김몽원과 함께 상해에 위치한 남양의과대학南洋醫科大學에서 의학공부를 하고

1929년 여름 졸업했다. 로제타 셔우드 홀이 작성한 1920년대 W.F.M.S. 한국 연례보고서를 보면 이들의 유학 준비와 졸업에 대한 언급이 있어, 김로다의 상해 유학에는 W.F.M.S.의 지원이 있었음을 짐작해볼 수 있다.

의사가 되어 돌아온 김로다는 릴리안해리스기념병원에서 의사 활동을 시작해 1936년경까지 일한 것으로 알려져 있다. 또한 1934년에는 경성여자의학전문학교 설립 발기인으로도 이름을 올린 바 있다.

로제타 홀이 한창 한국인 여의사들을 양성하기 위해 고군분투하던 시절, 일찍이 평양에서 활동하며 홀과 인연을 맺은 김창식과 한석진의 딸들이 중국과 일본으로 유학을 다녀와 여의사가 된 것은 결코 우연이 아닐 것이다. 여의사를 양성하고자 주위 사람들을 계속 설득했던 홀의 노력, 딸을 전문직 여성으로 키우고자 했던 아버지의 깨인 생각, 여의사가 되어 적극적인 사회활동을 하리라 마음먹은 본인의 의지, 이 삼박자가 어우러진 결과물이라고 볼 수 있을 것이다.

독립운동가 김상옥의 가족들을 품은 동대문부인병원

일제강점기 내내 경성은 다양한 형태의 독립운동과 독립운동을 막기 위한 일제의 감시·체포 활동이 동시다발적으로 불타오르는 혼돈의 공간이었다. 특히 그 가운데서도 일본 경찰의 심장부였던 종로경찰서는 독립운동가들을 체포해 모진 고문을 행하는 곳으로 악명이 높았다. 따라서 독립운동가들에게 있어 일제 식민통치의 본산인 조선총독부와 더불어 종로경찰서는 척결 1순위 공간이었다.

1923년 1월 12일 밤 8시 10분경, 종로 한복판에 있던 종로경찰서(종로2정목 8번지, 현 종로2가 8-4 장안빌딩)에 폭탄이 떨어져 건물 일부가 파손되고 지나가던 행인 일곱 명이 중경상을 입는 사건이 발생했다. 예상치 못한 공격을 받은 일제 당국은 폭탄 투척범 체포에 전력을 기울였다. 범인이 누구인지 밝혀진 것은

왼쪽 네모 안이 김상옥 의사가 폭탄을 투척한 종로경찰서,
오른쪽 네모 안이 YMCA 건물이다.

출처 서울역사박물관

사건 5일 후인 1월 17일로, 그는 바로 의열단원 김상옥金相玉이었다. 사건 발생 후 매부의 집에 은신해 있던 김상옥은 경찰에 거처가 발각되자 서울 여기저기로 피신을 다녔다. 그러다 결국 1월 22일 효제동에서 그를 뒤쫓던 무장경찰 결사대와 총격전을 벌이다 자신이 가진 마지막 탄환으로 자결하며 생을 마감했다.

비록 거사를 성공시키지는 못했으나 일제 당국에 커다란 충격과 공포를 안겨다준 김상옥 의사. 그는 일찍부터 동대문부인병원과 인연이 있는 인물이었다. 김상옥 의사는 동대문부인병원이 있던 종로6가와 인접한 종로구 효제동(당시 한성부 동부 건덕방 어의동)에서 1889년 1월 5일 태어났다. 17세가 되던 해 당시 볼드윈진료소와 함께 동대문 언덕에 있던 동대문교회에 입교하여 선교사의 강연을 듣고 비교적 늦은 나이에 공부를 시작했다. 이후 동흥야학교東興夜學校에서 학업을 이어갔는데, 이 학교는 1920년 무렵 동대문부인병원 부지로 병합되는 위치(종로6정목 62번지)에 있었다. 20세 때 동대문 밖 창신동에서 '영덕철물상'을 개업했고 24세 때 정진주鄭眞珠(1895~1967) 여사와 동대문교회에서 혼례를 치렀다. 1919년 3·1운동이 시작된 직후 『혁신공보』라는 신문을 발행하며 본격적으로 독립운동에 뛰어든 김상옥 의사는 결국 1923년 종로경찰서 폭탄 투척이라는 의거까지 일으키며 나라의 독립을 위해 자신을 바쳤다.

의거가 있은 후 1920년대에는 종종 언론사에서 김상옥 의사의 남은 가족들에 대한 취재 보도를 진행했는데, 이는 독립운동가의 남은 가족들의 삶을 알리려는 목적과 더불어 목숨을 바치면서까지 독립운동에 헌신했던 선열들의 행보를 잊지 않고 그들의 넋을 기리고자 하는 마음도 담겨 있었을 것이다. 1925년 2월 23일 『조선일보』 기사를 보면 당시 김상옥 의사의 부인과 자녀들의 생활에 대한 이야기가 나온다.

남편을 구천에 장사하고 악에 바치고 분에 못 이겨 눈물조차 흘리지 못하는 그의 부인 정광명鄭光明(필자 주. 이 기사에는 부인 이름이 정광명으로 나오나 이 외 다른 자료들에는 정진주라 표기되어 본문에서는 정진주라고 표기했다.) 씨는 금년 나이 서른하나의 청춘으로 어린 아들과 딸의 학비를 보태어 주기 위하여 매일 아침 여섯 시부터 저녁 여섯 시까지 동대문부인병원에서 산모들의 음식과 간호부들의 의복범절을 맡아서 보아주는 것이다. 그의 아들 태용泰用은 열두 살 그의 딸 의정義正은 아홉 살, 태용은 동대문 흥인배재학교 2학년이요 의정은 동대문여학교 1학년이라 한다.[1]

이 기사에 따르면, 김상옥 의사 의거 이후 홀로 생계를 꾸려 나가야 했던 부인 정씨는 당시 창신동 자택과 인접해 있던 동대문부인병원에서 식모 겸 침모 노릇을 하며 자녀들을 키웠는데 무려 21년간이나 병원에서 일했다고 한다. 그리고 당시 김상옥 의사의 자녀들이 다닌 두 학교 역시 동대문부인병원과 같은 동대문 언덕에 있는 학교들이었다.

흥인배재학교는 김상옥 의사가 세례를 받고 혼례를 치른 동대문교회의 선교사 벙커 등이 1897년경 설립해 운영하기 시작한 초등교육기관이었다. 동대문여학교 역시 한국 최초의 간호사 중 한 명인 김마르다가 보구녀관 간호원양성학교에 입학하기 직

---

1 "온 집안이 슬픈빗", 『조선일보』, 1925.2.23.

1940년대 말 오간수문 쪽에서 바라본 이대동대문병원의 전경.
오른쪽 원 안이 동대문여자보통학교로 쓰인 건물이고
왼쪽 네모 안 건물이 이대동대문병원(동대문부인병원)이다.

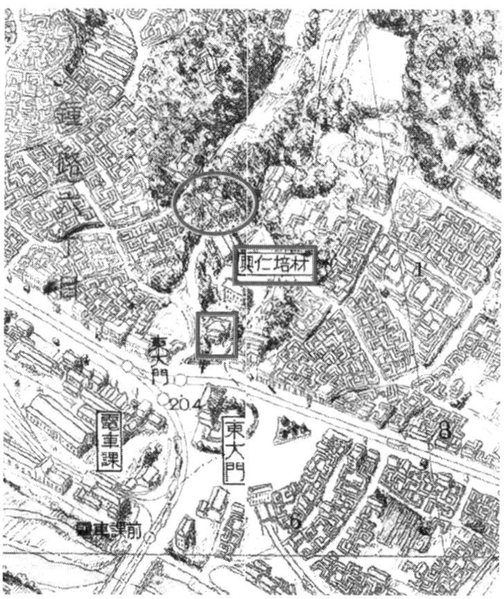

맨 위 원 안의 건물이
동대문부인병원,
그다음 네모가
흥인배재학교,
맨 아래 네모가
동대문여자보통학교이다.

출처 『대경성부대관』(1936),
서울역사박물관 소장

전인 1903년경 전도부인으로서 동대문 볼드윈진료소에 설치한 여학교에서 시작된 학교이다. 처음에는 동대문여자주간학교로 불리다가 의정 양이 이 학교를 다니기 시작한 1925년 11월 정식으로 보통학교 인가를 받아 동대문여자보통학교라는 교명을 얻게 되었다. 동대문부인병원으로 올라가는 초입에 위치했던 이 학교 건물은 1961년 이대동대문병원에서 인수하여 외래진찰소로 사용되다가 1973년 중앙진료부의 신축과 함께 철거되었다.

일제 당국은 독립운동가 일가에 대한 감시의 끈을 놓지 않았기에 대부분의 독립운동가 가족들은 궁핍한 생활을 하기 일쑤였다. 김상옥 일가 또한 마찬가지였던 상황에서 당시 동대문부인병원은 정진주 여사에게 도움의 손길을 내밀어 이들의 생활을 도왔다. 그러나 안타깝게도 김상옥 의사의 아들 태용은 동아일보 사진반원으로 일하다 병으로 요절했고, 딸 의정 역시 1956년 사망하여 정진주 여사는 남편에 이어 자식들마저도 자신보다 먼저 세상을 떠나보내는 아픔을 겪어야만 했다.

정진주 여사에 대한 동대문부인병원의 지원은 병원이 직접적인 독립운동 참여가 아닌 독립운동가와 그 가족들을 위한 지원이라는 간접적인 방법으로도 조국의 독립을 위한 활동에 동참할 수 있었음을 보여주었다.

릴리안해리스기념병원에서 활동을 시작한 첫 한국인 여성 약제사들

흔히 병원에서 일하는 사람이라고 하면 의사와 간호사만을 떠올리지만, 이화의료원과 같은 종합병원에는 다양한 직군의 사람들이 근무하며 환자들의 질병 치료에 노력을 기울이고 있다. 그리고 그 가운데에는 환자들의 치료에 있어 중요한 역할을 하는 약과 관련한 모든 업무를 수행하는 약사도 있다.

보구녀관에서부터 시작해 볼드윈진료소, 릴리안해리스기념병원으로 이어지며 병원의 규모와 진료활동이 체계화되어가는 과정 속에서 '약제사藥劑師'라는 새로운 직종이 병원에 등장하게 되었다. 약제사란 현재의 약사藥師를 칭하는 용어로 대한제국기부터 1954년 〈약사법〉이 제정되기 전까지 사용되었다. 그렇다면 한국에서 약제사들은 언제부터, 어떻게 양성·배출되었을까?

전통적으로 한약재를 이용해 질병을 치료하던 조선에 개항 이후 양약洋藥이라는 새로운 형태의 약이 사람들에게 알려지며 관심을 끌게 되었다. 이후 주로 서구식 의료기관과 일본인 매약상들을 통해 보급되기 시작한 양약이 급속도로 확산되자 양약을 사용하고 취급할 수 있는 사람들의 필요성이 커지게 되었다. 이에 대한제국 정부에서는 1907년 대한의원 내에 교육부를 설치해 약제사를 양성할 계획을 세웠다. 대한의원 교육부는 1910년 2월 대한의원부속의학교로 개편되며 그 안에 약학과를 설치했다. 하지만 그해 8월 한일강제병합으로 부속의학교가 폐지되면서 근대적 약학교육은 시작되지 못했다.

양약을 전문적으로 취급하는 이들에 대한 교육은 아직 시작도 되지 않은 상태에서 양약에 대한 수요는 점점 증가했기 때문에 기존에 한약을 취급하던 약업자들이 양약의 유통을 담당했다. 특히 조선 초부터 수도 한성의 약재상들이 밀집되어 있었던 구리개(현 을지로) 지역 한국인 약업자들은 1909년 9월 조선약업총합소를 조직했는데 총합소의 친목을 다지고 운영비를 모으기 위해 장진계長進契도 운영했다. 장진계 회원들은 1912년 조선총독부가 반포한 〈약품 및 약품영업취체령〉과 관련한 양약 학습의 필요성을 인식하여 1914년 7월부터 3개월간 '약품취급강습회'를 개최했다. 이 강습회는 우리나라 최초의 근대약학교육 강습회로 인정받고 있다.

이 강습회가 성황리에 끝난 것을 계기로 조선약업총합소 회원들은 약학교육기관 설립을 적극 추진하여 조선총독부의 인가를 받은 '조선약학강습소'가 1915년 6월 12일 개교했다. 그러나 이 강습소는 1년제 속성 교육기관이었던 탓에 이곳만 다녀서는 조선총독부가 주관하는 약제사 시험에 합격할 만한 실력을 갖추기 어려웠다. 이에 약제사 양성을 위한 정식 교육기관인 '조선약학교'가 1918년 6월 20일 종로 5정목 동대문 분서分署 자리에서 99명의 학생을 데리고 입학식을 거행하며 개교했다. 약학교는 두 달 후인 8월 남대문 근처(남미창정 284번지)로 이전했다가, 같은 해 10월 황금정 6정목 18번지(현 을지로6가, 서울특별시 중구구민회관)에 자리를 잡고 이듬해 5월 교사를 신축했다.

조선약학교는 당시로선 보기 힘든 남녀공학이었다. 이 학교는 1924년 3월 최초의 한국인 여자 졸업생 세 명을 배출하는데 김순복, 차순석, 김려운이 그들이다. 조선약학교가 1930년 경성약학전문학교로 승격된 후 1932년경 여학생의 입학을 불허하여 마지막 여자 졸업생이 나오는 1934년까지 총 열여섯 명의 여학생들이 이 학교를 졸업했다. 이 중 릴리안해리스기념병원에서 약제사로 근무한 이들은 김순복, 차순석, 구명순, 김인명으로 모두 조선약학교의 수업연한이 2년이던 초창기 특별과 졸업생이었다.

김순복金淳福은 1901년생 평안남도 대동군 출신으로 19세 때 평양 숭현여학교를 졸업한 후 평양 지역 기독교 여전도대에서 대외활동을 시작으로 가정 내 구습 타파 및 여성교육을 통한 여

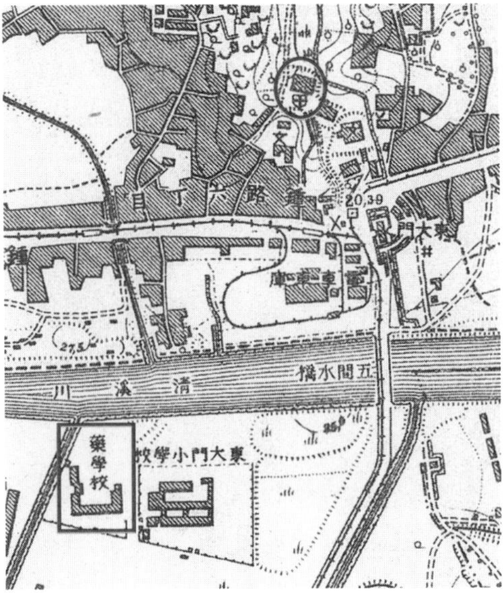

청계천을 사이에 두고 각각 위치했던 릴리안해리스기념병원(위)과 조선약학교(아래)

출처 『경성수정측도』(1921), 국립중앙박물관 소장

1919년 5월 황금정 6정목에 신축한 조선약학교 교사校舍

출처 『한국약업사』

성해방 관련 강연, 잡지 발간, 사회단체 활동들을 전개했다. 특히 여성의 직업생활을 통한 경제활동 참여를 강조한 그는 1922년 4월 조선약학교에 입학하여 최초의 한국인 여자 약제사가 되었다. 김순복은 졸업 직후 릴리안해리스기념병원 약제사로 근무하다 1928년 다시 조선약학교 본과(3년제 과정)에 재입학해 1년을 더 공부했다. 그리고는 1929년 3월 졸업을 하여 6월에 정식으로 조선총독부로부터 약제사면허증을 받았다.

차순석車純錫은 1899년생 평안남도 평양 출신으로 평양 숭의여학교를 졸업했다. 그녀는 재학 당시 숭의여학교 결백단潔白團의 일원으로서 전국을 다니며 여성계몽운동에 동참했다. 1922년 9월 조선약학교에 입학해 1924년 3월 졸업한 후 김순복과 함께 릴리안해리스기념병원에서 근무하기 시작했다. 이곳에서 3년간 근무한 차순석은 함흥 제혜병원으로 옮겨 3년을 근무하고 다시 릴리안해리스기념병원으로 돌아와 2년간 근무한 뒤 미국으로 건너갔다.

김순복과 차순석은 조선약학교에서 공부를 하던 기간에 '의약간醫藥看 여자기독청년회' 활동도 함께했다. 단체명을 보았을 때 의학, 약학, 간호 활동을 하는 여성들이 구성원일 것으로 추정되는 이 단체는 릴리안해리스기념병원에 본부를 두고 1920년대에 위생강연, 노동야학 등의 활동을 전개했다. 또한 이들은 조선약학교를 졸업하고 약제사로 활동하면서 1928년 로제타 홀

의사가 주도한 여자의학강습소 설립을 위한 준비에도 동참했는데, 특히 김순복은 조선여자의학전문학교 기성회 이사로 선임되어 여자의학강습소 개설의 중심인물로 참여했다.

구명순과 김인명은 1924년 4월 조선약학교 입학 동기이다. 구명순具命順은 1900년생 경상남도 김해군 출신으로 기장여자청년회 서기로 활동한 바 있으며 정신여학교를 졸업했다. 김인명金仁明은 1905년생 평안북도 정주 출신으로 조선약학교에 입학하기 전 정주에서 1921년 여자교육청년회를 창립해 회장으로 활동한 바 있다. 1923년 평양 숭의여학교를 졸업한 후 조선약학교에서 학업을 이어갔다. 이들은 1926년 3월 조선약학교 졸업과 함께 릴리안해리스기념병원에서 약제사라는 전문 의료인으로서의 활동을 시작했다.

릴리안해리스기념병원에서 근무한 이들 4인은 조선약학교 특별과 졸업생으로 졸업 후 별도의 약제사 시험을 통과해야만 조선총독부에서 발급하는 정식 약제사면허를 발급받을 수 있었다. 그런데 이들은 약제사면허를 받기 전, 약학교를 졸업한 신분으로 릴리안해리스기념병원에서 약제사로 근무했다. 이들 중 김순복과 김인명만이 약제사면허를 받은 것으로 확인되는데, 김순복은 앞서 언급했듯이 본과과정 1년을 더 다닌 후 무시험으로 약제사면허(면허번호 150번)를 받았다. 김인명은 1931년 2월이 되어서야 약제사면허(면허번호 203호)를 받았는데, 김순복처럼 다시 본과과정을 다니고 무시험으로 받은 것인지 약제사 시험에 응시해 받은 것인지는 불분명하다. 다만 릴리안해리스기념병원에서 약제사로 근무한 경험이 이들의 추가 공부나 약제사 시험 응시에 큰 도움이 되었을 것으로 짐작된다.

구명순과 김인명의 졸업 이후 1929년부터 1934년 사이 배출된 열한 명의 여성 약제사 가운데 릴리안해리스기념병원에서 일한 이들이 있는지 여부는 현재 남아 있는 자료로는 확인되지 않는다. 이곳에서 근무했던 네 명의 여성 약제사들 역시 언제까지 이곳에서 근무했는지는 알 수 없다. 하지만 분명한 것은 전문교육을 받아 배출된 당시로서는 새로운 직종인 약제사, 특히 여성 약제사들이 본격적으로 사회에 나와 자신의 전문성을 펼칠 수 있었던 첫 번째 공간이 릴리안해리스기념병원이었다는 사실이다. 또한 병원 입장에서도 1920년대 제대로 된 정규교육을 받은 한국인 약제사들이 배출되기 시작하는 시점에서 약의 조제와 관리를 위해 약제사들을 고용하는 것은 병원의 전문성 강화 및 발전에 있어서 중요한 부분이었을 것이다.

이처럼 릴리안해리스기념병원은 환자의 질병 치료라는 병원의 가장 본질적인 존재 목적 외에도 당시 의료 관련 전문교육을 받은 여성들의 사회 진출의 장, 전문직업을 가진 여성으로서 자신의 능력을 펼쳐 보일 수 있는 장으로서도 중요한 역할을 한 공간이었던 셈이다.

세브란스와의 합병을 막아낸 동대문부인병원 여의사들

1920년대 동대문부인병원에 어려움이 닥쳤다. 일제강점기라는 정세뿐 아니라 재정적으로도 어려웠다. 당시 병원이 경제적으로 힘든 환자들에게는 비용을 받지 않고 치료해주다 보니 병원 운영비는 W.F.M.S. 등의 지원금에 의지할 수밖에 없었다.

당시 동대문부인병원에서는 안수경·현덕신 등 조선인 여의사와 가장 오랜 기간 이 병원을 지킨 메리 스튜어트, 로제타 셔우드 홀 의사 등이 함께 근무하며 수많은 여성과 어린이 환자를 돌봤다. 1887년 보구녀관이 설립되어 본격적으로 여성전문병원의 역할을 한 지 40년 가까이 된 시점이었지만 여전히 여성의료의 길은 어려웠다. 다음 『조선일보』 기사를 보면 당시 안수경 의사가 어떻게 진료를 이어갔는지 알 수 있다.

하루에도 삼십여 명씩이나 들어오는 환자-난산이 되어 애쓰는 부인들과 생식기에 병이 있어 잉태치 못하는 불쌍한 여자들에게 더할 수 없는 은인이 되는 것이요. 특별히 그는 돈 없어 고생하는 무료 환자들에게 가장 정답고 친절하게 위안을 주는 것이다. 그리고 그는 집도 없고 먹을 것도 없는 가련한 여자들이 길가에서 방황하며 추운 일기에 해산을 하다가 산모와 어린아이가 원망의 피눈물을 머금고 노상에서 일생을 그대로 마치는 일이 비일비재 할 뿐 더러 설마 그들이 무사히 해산을 하고 두 몸이 다 살아난다 할지라도 평생토록 병신을 면치 못하는 이를 위하여 비록 그다지 크지는 못하나 현재 동대문부인병원 안에 설치해 놓은 무료 환자 해산실이 비이지나 않도록 산모들이 와준다면…[1]

돈이 없어 고생하는 환자들을 무료로 돌봐주고 심지어 '무료 환자 해산실'까지 설치해 돕고 있음에도 여전히 의학의 도움을 받지 못한 채 비참한 생을 마감하는 여인들이 많은 것이 당시 현실이었다. 그러던 1925년 해외선교 운영에 어려움을 겪던 미국 감리교 본부에서 지원 경비를 축소하겠다고 나섰다. 이어 동대문부인병원을 세브란스병원과 합병하자는 목소리까지 나왔다.

---

1 "수녀가티 숨어잇서 병자를 구원하는 동대문부인병원 의사 안수경 양", 『조선일보』, 1924.11.28.

당시 이를 보도한 『동아일보』 기사를 살펴보자.

> 시내 동대문 안에 있는 동대문부인병원은 일찍이 미감리교 경영으로 30년이나 되는 장구한 역사를 가지고 조선 부인계의 건강과 행복을 위해 실로 다대한 편의를 주고 노력하여 오던 바 최근에 이르러 돌연이 미감리교 경비 축소 관계로 시내 남대문통에 있는 세부란스병원과 합동하기로 지난번 미순회에서 이미 내정되었다는데…[2]

말은 합병이라고 하지만 사실상 세브란스병원 내 산부인과 하나를 설치하는 모습으로 '흡수합병'하는 형태였다. 이에 동대문부인병원을 일구고 지켜온 여의사, 간호사 등 관계자들은 즉각 반대 의사를 표했다. 당시 동대문부인병원장을 맡고 있던 로제타 홀은 "내가 조선에 온 지 35년 동안 여자 의학계를 위해 노력해왔습니다. 그러므로 앞으로 더 확장하려는 이때에 이런 문제가 일어난 것은 불상사"라며 반대했다. 또한 이미 남녀 병원의 합병 경험이 있는 평양의 사례를 통해 합병이 효율적이지 않음을 지적했다. 평양의 광혜여원이 1923년 홀기념연합병원과 통합하여 평양 연합기독병원으로 운영되고 있는데, 부인병원이 따로

2 "세부란스 병원에 부인병원을 합병", 『동아일보』, 1925.5.19.

있는 것보다 성적이 좋지 않았다는 것이다. 홀 의사는 "이번에 합한다는 것은 부인의학계의 큰 불행이므로 필사의 노력을 다해 반대한다"며 강하게 의사를 밝혔다.

동경여자의학전문학교를 마치고 당시 동대문부인병원에서 근무하던 현덕신 역시 이 병원은 영리 추구를 목적으로 하는 게 아니라 빈민의 생명을 구하는 기관이 되어야 한다는 주장을 펼쳤다. "돈이 있는 사람도 국민이요 돈이 없는 사람도 국민이니 귀중한 생명을 서로 아껴주는 평등한 권리로 병을 치료받도록 해야 한다"고 본 것이다. 현덕신의 주장은 100년이 지난 지금의 관점에서 보아도 매우 선진화된 보건의료의 방향성을 담고 있다. 이와 더불어 동대문부인병원의 산부인과 설비나 그 역사는 경성이라는 도시에 있어 실로 막대한 사회적 의미가 있고, 그 수용력은 어느 병원에 비하더라도 역사적 일조가 있다는 주장 역시 큰 공감을 얻었다.

이처럼 합병 반대의 뜻을 모아 '동대문부인병원 폐지반대연맹회'가 설립되었다.

동대문 안에 있는 동대문부인병원을 세브란스병원과 합동하기로 미감리교 경영당국에서 내정했음에 대하여 조선부인계에서 그 부인병원의 폐지는 여러 가지 의미로 조선의 큰 손실이라 하여 동대문부인병원 폐지반대연맹회를 조직하고 폐지반대 운동에 노력

한다 함은 수일 전 보도와 갈거니와 그 후 폐지반대연맹회에서는 그 폐지 반대의 취지를 인쇄하여 각 여자단체에 배부했든 바 여러 단체와 개인이 이에 참가코저 하는 중이라 하며 이미 이에 참가한 단체는 '조선여자기독교청년회, 조선여자청년회, 동대문의약간청년회, 간호부회, 산파회, 조선여자기독교청년회연합회' 등 여러 단체이며 개인으로도 조선여자 행림계의 유지 유영준, 정자영, 윤보명, 안수경, 현덕신 등 제씨가 참가했는데 동 반대연맹회에서는 아래와 같은 결의문을 발표했다 한다.

◆결의문

동대문부인병원을 폐지하거나 혹 남자 측에 경영권을 이전케 하는 것은 조선의 현재 사정에 조하여 실로 시대역행의 오계(필자 주. 잘못된 계획)이며 더욱 여자계에는 막대한 손실로 인정함으로 우리들은 조선 여자의 기독교적 사업의 진보 향상을 위하여 철저히 반대함. 우右결의함.[3]

결국 이 같은 구성원들의 강한 폐지반대운동을 바탕으로 동대문부인병원의 합병 계획은 무산되었고, 이후로도 지속적으로 W.F.M.S.의 보조를 받아 운영될 수 있었다. 한편 이와 함께

3 "동대문부인병원 폐지반대연맹회", 『조선일보』, 1925.5.22.

여성 의사를 독자적으로 배출해야 한다는 목소리가 힘을 얻어 이후 조선여자의학강습소 등 여의사 교육기관의 설립을 이루어 낼 수 있었다. 그러나 1934년부터 경비 곤란으로 인해 점차 보조금은 줄어들었고, 1936년 결국 지원금이 끊기면서 병원은 심각한 재정적 어려움에 부딪히게 되었다.

메리 커틀러 의사의 이동순회진료 활동

교통시설의 발달로 전국이 1일생활권이 된 21세기 현재에도 한국 사회에서는 여전히 의료기관과의 접근성이 떨어져 의료혜택을 받기 어려운 지역의 거주민들, 소외계층 주민들이 존재한다. 그리고 이들을 위한 이동순회진료 역시 전국 곳곳에서 진행되고 있다. 그렇다면 한국에서는 언제부터 이동순회진료가 시행되었을까?

옆의 사진 속 차는 메리 커틀러 의사가 1925년 한국에 들여온 포드Ford 트럭이다. 사진에서 볼 수 있듯이 차 옆면에 쓰여 있는 '위생교육 예수교진찰소衛生教育 耶蘇教[야소교]診察所'라는 문구는 이 차가 구체적으로 어떤 용도로 사용되었는지를 짐작케 한다.

메리 커틀러는 1893년 조선에 입국하여 43년간 조선인들을 위한 의료서비스 제공과 의료환경 개선 및 여성의학교육에 앞장선 의료선교사였다. 보구녀관에서 활동을 시작한 커틀러 의사는 당시 쉬는 날이면 보구녀관 인근의 한양 도성 주변을 돌아보며 조선 사람들의 주거환경과 환자의 상태를 살펴봤다. 그리고 기회가 닿을 때마다 지방으로 순회진료를 다니기 시작했다. 아마도 커틀러는 이때부터 의료 혜택을 받기 힘든 이들을 위한 이동순회진료 활동에 관심을 가진 것 같다.

커틀러는 1922년 9월 평양 광혜여원에서의 활동을 마친 후 미국으로 돌아가 지친 몸과 마음을 회복했다. 그리고 1925년 다시 한국으로 돌아오는 길에 아래의 사진 속 차량을 가지고 왔다. 경성에서 차량을 순회진료용으로 개조한 커틀러 의사는 운전기사를 확보하고 경성, 제물포, 수원 등지를 돌며 환자들을 돌

메리 커틀러가 들여온 이동순회진료 자동차

출처 GCAH

보면서 공중보건 강연을 진행했다.

이윽고 1925년 11월 순회진료 트럭과 함께 평양으로 돌아온 그는 12월 차량 운행면허증과 이동진료소 허가증을 받고 17일부터 본격적인 활동을 전개했다. 커틀러 의사가 제일 먼저 찾아간 곳은 평양 시내에서 20리(약 8km) 정도 떨어진 곤양(현 평양시 강남군 강남읍)이라는 지역으로 이곳에서 그는 사흘간 진료 활동을 펼쳤다. 커틀러의 사례가 한국에서 행해진 첫 번째 이동순회진료는 아니었으나, 전용차를 가지고 지속적으로 진행되었다는 점은 이전의 것과 차별성을 가진다.

1920~1930년대 이동순회진료는 열악한 도로 사정과 예상치 못한 비바람 등의 기상 문제를 헤쳐가며 진행되고 있었다. 당시 이들의 어려움은 커틀러가 쓴 보고서에도 잘 드러나 있다.

> 추운 날씨에는 마을에서 방을 빌려 차에 짐을 싣고 그곳에서 먹고 자고 환자들을 돌봐야 했는데, 그중 상당수는 우리 차로는 접근할 수 없는 마을에서 1~10마일 떨어진 곳을 찾아 걸어온 환자들이었다. (…) 밤이 되자 직원 두 명이 침구를 챙겨 마을에 숙소를 찾았다. 간호사와 나(커틀러)는 차에서 잤다. 저녁과 아침은 차 근처 야외에서 요리를 했지만 점심은 간단하게 먹을 기회조차 없었다. 우리는 상주 의사가 없는 마을에만 갔다. 큰 마을도 자동차 도로에서 벗어난 경우가 많기 때문에 우리는 차를 덮개로 묶어두고 걸어

서 이동해야 한다. 환자를 치료하기 위한 용품들은 1마일 또는 그 이상 떨어진 곳까지 옮겨, 환자들을 며칠 동안 진료할 방으로 운반한다.[1]

자정 무렵 바람이 불어 음식, 연료, 조리도구, 여행가방 등을 보관하고 환자들의 대기실로도 사용하던 텐트가 날아갔다. (…) 번개가 번쩍이고 천둥이 치는 동안 우리 세 사람은 복장도 제대로 갖추지 않은 채 비가 쏟아지기 전 모든 물건을 교회 안으로 옮겼다. 겁에 질린 간호사는 차 안에서 이불을 뒤집어쓰고 머물러 있었다. 그곳에 머무는 동안 우리는 교회를 부엌, 식당, 대기실로 사용하면서 차 안에서 환자들을 계속 치료하고 약을 조제해야 했다.[2]

보통 이동순회진료에는 커틀러 의사와 간호사, 전도부인, 운전수 등 총 네 사람이 함께 다녔는데 커틀러와 간호사는 환자들을 치료하는 일을, 전도부인과 운전수는 환자들을 불러 모으는 일을 했다. 당시 60대였던 커틀러가 장거리여행과 노천활동이 동반된 이동순회진료를 다닌다는 것은 쉽지 않은 일이었다. 그러나 아픈 사람은 누구나 어디에 살고 있든 진료를 받아야 하고,

---

1 M. Cutler, “Traveling Health Education and Christian Dispensary”, *KWC*, 1926.

2 M. Cutler, “Traveling Dispensary and Health Education”, *KWC*, 1929.

이동순회진료 자동차의 내부 모습과 직원들

출처 GCAH

한국 최초 감리교 여성 목사 안수식(1931). 앞줄 왼쪽에서 네 번째가 커틀러

출처 *Fifty Years of Light*

사람들에게 기본적인 보건지식을 가르쳐 그들이 자신의 건강을 지킬 수 있도록 해주어야 한다는 신념을 가진 커틀러는 이 사업을 10년 이상 지속했다.

커틀러가 순회진료를 하며 만난 환자들은 눈병이나 골절 같은 가벼운 질환에서부터 기관지 폐렴, 위험한 농양, 이질, 디프테리아 등의 중증질환까지 다양한 질병을 가지고 있었다. 커틀러는 순회진료만으로 치료가 어려운 환자들은 평양 연합기독병원에서 치료를 받을 수 있도록 연계해주기도 했다. 그리고 모든 진료기록은 정부 당국에 보고되었다.

공중보건 위생교육사업의 경우 1910년대 후반부터 경성의 릴리안해리스기념병원과 태화여자관에서 관련 활동을 활발하게 전개했는데 커틀러 역시 환자의 진료뿐 아니라 한국인들의 의료지식 함양에 관심을 가지며 순회진료 활동 시 공중보건 교육에 많은 공을 들였다. 건강 증진과 질병 관련 지식의 효과적인 전달을 위해 커틀러는 환등기 상영, 영화 상영, 포스터 전시, 강연회 등의 방법을 활용했다.

이처럼 열정적인 커틀러의 활동에 지역 주민들도 적극적으로 호응하며 재방문과 정기적인 방문을 요청하고 감사의 메시지 등을 보냈다. 새로운 지역에의 방문 요청 또한 쇄도했다. 커틀러는 이 같은 한국인들의 반응에 이 사업을 더 적극적으로 펼칠 동력을 얻을 수 있었던 것으로 보인다.

한편 커틀러는 이동순회진료 활동이 한창 진행 중이던 1931년 6월 14일 개성 북부교회에서 개최된 한국 감리교 최초의 여성 목사 안수식에서 목사 안수를 받았다. 이후 1933년 W.F.M.S. 선교사직을 사임하고 독립적인 선교활동을 전개했으며 이동순회진료 활동은 1936년경까지 지속했다.

20대에 낯선 땅 한국에 와 70대가 되어 고국으로 돌아간 커틀러. 그가 한국에서 했던 일은 보통 사람들이 하고 싶어하지 않는 일이고 하기 어려운 일이었다. 그렇지만 누군가는 꼭 해야 하는 필요한 일이었다. 이 같은 커틀러 의사의 정신은 지금도 한 걸음 더 나은 사회를 만들기 위해 노력하는 이화의료원 곳곳에 스며들어 이어지고 있다.

언덕 위의 릴리안해리스기념병원과 동대문여자보통학교

214쪽의 사진은 1919년 3월 3일 고종의 장례 행렬이 흥인지문 옆을 지나가는 모습을 찍은 것이다. 고종의 대여大輿(국장에 쓰이는 큰 상여)가 흥인지문을 통과하려 하고 있으며 많은 사람들이 이를 봉송하고 있다. 촬영자는 고종의 국장 행렬을 기록으로 남기기 위해 이 사진을 찍었지만, 사진 속에는 이화의료원과 관련된 중요한 건물들의 모습도 같이 담겨 있다. 바로 고종의 대여 뒤쪽 양 옆으로 보이는 두 채의 건물이다. 왼쪽 건물은 볼드윈진료소이고, 오른쪽 건물은 동대문여자주간학교이다. 사진에는 보이지 않지만 이 건물들 위쪽 언덕에는 릴리안해리스기념병원이 위치해 있다.

19세기 말 한국에 진출한 개신교 종파들은 공개적인 선교 활동이 쉽지 않은 문제를 해결할 방법으로 학교와 병원을 통한

1919년 3월 3일 고종의 장례 행렬

출처 서울역사박물관

간접선교 방식을 선택했다. 배재학당, 이화학당, 언더우드고아원, 정동여학당, 시병원, 보구녀관 등이 탄생한 배경이다. 이후 개신교 선교부에서는 자신들이 진출하는 지역에 교회와 함께 주간학교day school(매일학교)를 설립해 교육활동을 통한 선교를 더욱 확장해갔고, 이들이 설립한 학교들은 한국 근대교육의 초석이 되었다.

주간학교란 학생들이 매일 학교를 통학하는 방식의 오늘날의 일반적인 초등학교 형태를 말한다. 개신교가 설립한 주간학교에서는 신도와 비신도를 구분하지 않고 학생들을 받아 성경

뿐 아니라 한글, 사회, 미술, 음악 등 다양한 과목들을 가르치기 시작했다. 물론 설립 초창기에는 정해진 연령대의 학생을 선발하여 번듯한 단독 건물에서 체계적인 커리큘럼을 가지고 학교를 운영할 수는 없었다.

스크랜튼 대부인이 1892년 동대문 옆 너른 언덕 부지를 매입해 볼드윈진료소와 예배당을 마련했으나 이곳을 전담으로 맡아 운영하는 선교사를 지정하기엔 아직 한국에 감리교 여선교사의 수가 부족했다. 이에 진료소는 보구녀관의 의사들이 맡아 정동과 동대문을 오가면서 바쁘게 운영했으며 볼드윈예배당 역시 서울 선교를 맡은 선교사의 몫이었다. 그러다 1898년이 되어서야 볼드윈진료소와 동대문 지역 선교에 전담 선교사로 릴리안 해리스 의사와 로드와일러Luisa C. Rothweiler 선교사가 각각 배정되었다.

전담 선교사의 배정과 보조자들의 도움으로 동대문 구역의 운영이 체계를 잡아가기 시작하면서 주간학교의 설립도 추진되었다. 남아 있는 기록을 토대로 보면 동대문의 여자주간학교 설립에 중추적 역할을 한 것은 한국 최초의 간호사 중 한 명인 김마르다로 추정된다. 1890년대 중반 보구녀관 환자로 와 커틀러 의사의 치료를 받은 후 보구녀관에서 조수 일을 하며 간호의 기초를 배운 그녀는 전도부인 황메리와 함께 대기실의 환자들에게 성경을 가르치고 다른 조수들에게 읽기와 쓰기를 가르치는 등 일찍부터 교육활동도 하고 있던 상황이었다.

동대문여자주간학교의 설립과 관련한 첫 언급은 1903년 W.F.M.S. 한국 연례보고서에서 찾아볼 수 있다.

> 그녀(김마르다)는 또한 우리가 이곳에 온 이후로 열심히 노력해온 동대문여자학교를 설립할 수 있을 만큼 사람들의 신뢰를 얻었다.[1]

다음 해 이 여학교와 관련해 보고서에서는 다음과 같이 언급하고 있다.

> 마르다의 기도와 눈물, 그리고 수고의 결실인 소녀들의 학교는 여전히 계속되고 있다. 그 어떤 작은 식물도 이렇게 돌밭에서, 또는 더 열악한 환경에서 자란 적은 없었을 것이다. 마르다가 병원에서 다시 일을 시작한 이후로 적합한 교사를 구하는 것이 불가능했지만, 몇몇 소녀들은 한글 읽는 법을 배웠고, 여러 개의 작은 얼굴들이 예배 중에 밝게 빛나고 있다.[2]

---

1 E. Ernsberger, "Baldwin Dispensary and Evangelistic Work East Gate, Seoul", *KWC*, 1903.

2 E. Ernsberger, "Baldwin Dispensary and Evangelistic Work, East Gate", *KWC*, 1904.

이처럼 동대문여자주간학교는 김마르다가 중심이 되어 1902년에서 1903년 사이에 설치·운영되기 시작했음을 알 수 있다. 볼드윈진료소 대기실 한쪽에서 소박하게 시작한 이 학교는 설립 초기 잘 갖추어진 수업 장소와 교사 등을 확보하지 못해 운영의 어려움을 겪었고, 결국 1905년 W.F.M.S. 한국 연례보고서에는 이 학교가 해산되었다고 나와 있다. 그러나 1906년 1월 언스버거 의사는 학교를 담당할 교사를 구해 볼드윈예배당 공간에서 주간학교를 재개했다. 1932년 발간된 『조선교육대관』과 1936년 『조선일보』 기사에서는 이 학교의 개교일을 1906년 9월로 기록하고 있다.

주간학교는 이후에도 몇 년간 전담 교사 부재와 잦은 공간 이동 문제를 겪었다. 그러나 다행히 1911년경부터는 이화학당 졸업생이 학교의 책임자로 오고 1910년 완공된 동대문교회의 지하실 방을 학교 공간으로 배정받으면서 안정적으로 학교를 꾸려나갈 수 있게 되었다.

단독 학교 건물 마련이라는 숙원사업은 1915년 드디어 이루어졌다. 500달러를 들여 종로 6정목(현 종로6가) 72번지 동대문 언덕 초입에 학교 건물을 지었는데 이 건물이 바로 고종 인산因山일에 찍힌 그것이다. W.F.M.S. 본부에서는 이 학교 건물의 가치를 설립 이후 1922년까지는 1,200달러로 기록했는데 1923~1924년에는 2,000달러, 1925년부터는 2,500달러로 기록했다. 또 'East Gate School'이라고 쓰던 건물명을 1925년부터는 'East Gate Gamble Memorial School'이라고 변경 기재했다. 학교의 증축과 관련한 기록은 1925년 8월 여섯 개의 교실을 증축했다는 것밖에는 찾을 수 없다. 하지만 아래 사진을 보면 214쪽 사진 속 학교 건물 뒤쪽으로 교사가 확장된 것이 확인되고, 건물의 시세 변동도 있었던 것으로 보아 1920년대 중반 교사의 증축이 있었고 '갬블Gamble'이라는 사람 혹은 기관의 후원이 있지 않았을까 추정해볼 수 있다.

이렇게 공간의 확장까지 이루어낸 동대문여자주간학교는 1925년 11월 '동대문여자보통학교'라는 교명으로 조선총독부

네모 안이 동대문여자보통학교로 214쪽 사진 속 학교 건물 뒤로 건물이 확장된 것을 확인할 수 있다. A 건물은 릴리안해리스기념병원, B 건물은 동대문교회이다.

의 정식 인가를 받았다. 조선총독부는 1923년부터 각종학교 중 기본재산, 학교 설비, 자격 있는 교사진을 갖추고 있으면 학무국에서 실사를 하고 지정학교로 인정해주는 제도를 시작했다. 이에 W.F.M.S.에서 동대문여자주간학교에 대해 보통학교 인가 신청을 한 것이다. 총독부의 인가를 받게 됨에 따라 이 학교의 졸업생은 상급학교로 진학할 수 있는 기회를 얻게 되었다.

『조선일보』는 1936년 경성 내 운영되고 있는 보통학교들을 소개하는 기획기사를 실었는데, 5월 10일자에 '동대문여자보통학교'가 나온다. 기사는 이 학교가 1906년 개교 이후 오랫동안 잡종(각종)학교로 지내오다 1925년 정식 인가를 받았으며 누적 졸업생은 500여 명으로 올해(1936) 제22회 졸업식을 거행했다고 소개하고 있다. 또 동대문 주변 지역에 거주하는 여학생 408명이 교사 일곱 명과 함께 470평의 주택식 교사에서 '학교는 내 집'이라는 교훈 아래 즐거운 학교생활을 하고 있는 모습을 전했다.

이처럼 동대문 지역 여학생들의 초등교육기관으로 굳건히 자리매김하고 있던 동대문여자보통학교는 1938년 조선총독부의 〈제3차 조선교육령〉에 의해 '경성동대문여자심상소학교'로 교명이 바뀌었다. 1939년 일본과 미국 간의 전쟁 분위기가 고조되었고, 이는 조선 내에서 활동하는 외국인 선교사들의 거취에 영향을 미치게 된다. 감리교 선교재단은 1940년 11월 선교사 철수를 결정하고 12월부터 빠르게 선교사들을 본국으로 송환하기 시작했다.

이 같은 상황은 W.F.M.S.에서 운영하고 있던 경성동대문여자심상소학교에도 고스란히 영향을 끼치게 되었다. 선교사들의 귀국과 감리교 선교부의 철수로 인해 1941년 결국 폐교의 수순을 밟게 된 것이다. 다만 폐교는 되었어도 학교가 사용하던 건물은 이듬해 새로운 학교의 개교와 함께 다시 학생들을 맞이했다.

새로 개교한 학교는 동구가정실수여학교東丘家政實修女學校로 설립자는 김활란과 정영길, 교장은 동대문여자보통학교 시절 실질적인 교장 역할을 하던 교장대리 조석봉이었다. 이 학교는 감리교재단으로부터 건물 및 부지를 무상으로 사용해도 된다는 승낙을 받아 이곳에 개교했다. 이후 1944년 1월 동구여자상업전수학교로 교명이 변경되었으며, 1945년 8월 해방 직후인 동년 10월 동구여자상업고등학교로 개칭한 후 동대문 언덕 초입에서 학교를 이어갔다.

한편 학교와 같은 동대문 언덕 구역 내 위치하고 있던 이대동대문병원은 한국전쟁 이후 지속적으로 늘어나는 환자들을 수용하기 위해 1958년 신관을 낙성하며 진료 공간의 확장을 꾀하고 있었다. 이에 병원은 동구여상의 건물과 부지를 다시 인수해 병원 진료공간으로 사용하기로 했고, 학교는 1961년 3월 서울 성북동으로 이전했다.

1972년경 이대동대문병원 모습. 중앙에 공사가 진행되고 있는 건물은 중앙진료부이며, 오른쪽 원 안의 건물이 당시 외래진찰소로 사용하던 구舊 동대문여자보통학교 건물이다.

출처 이화의료원

이후 동구여상이 사용하던 건물은 외래진찰소로 이용되었으며 1973년 중앙진료부가 완공되어 외래진찰소가 중앙진료부로 이동 배치된 후 같은 해 12월 이 건물은 철거되었다. 1915년 처음 지어진 후 45년간은 교육의 공간으로, 마지막 12년은 진료의 공간으로 사용되었던 건물이 역사 속으로 사라지는 순간이었다.

이처럼 개화기와 일제강점기의 시간 동안 동대문 언덕에서는 여성을 위한 진료뿐만이 아닌, 미래의 희망으로 자라나는 여학생들을 위한 초등교육이 어려운 여건 속에서도 지속되었다. 비록 이 학교를 졸업한 후 상급학교로 진학하는 비율이 높지는 않았다 해도, 보통학교에서 글을 배우며 습득한 인문학적·과학적 지식은 졸업생들이 성장해나가며 한 나라의 구성원으로서 사회적 역할을 다할 수 있도록 하는 초석이 되었다.

1920년대 미국으로 유학을 떠났던 여의사들

세계화·지구촌 시대라는 21세기에도 자기가 살고 있는 곳을 떠나 낯선 나라에 가 공부를 한다는 것은 큰 결심과 용기가 필요한 일이다. 그런데 해외유학은 고사하고 나의 생활권을 벗어나 다른 국내 지역을 가는 것조차 쉽지 않았던 1920년대에 한국인 여의사들 중 다수는 일본과 중국에서 공부를 하고 의사가 되었다. 그리고 이들 가운데 일부는 더 심도 있는 의학공부를 위해 미국으로 가는 진취적인 행보를 보였으니 김애희, 송복신, 한소제가 그들이다.

우연의 일치인지 이들은 모두 평양 출신으로, 김애희는 북경의 화북협화여자의학교, 송복신과 한소제는 동경의 동경여자의학전문학교를 졸업했다. 이들이 어떠한 계기로 의학에 관심을 가지고 해외로 유학까지 가서 의사가 되기로 결심했는지에 대해서는 알려진 바가 없다.

김애희와 송복신의 경우 북장로교 선교사 마펫이 1903년 평양에 세운 숭의여학교를 졸업했다. 한소제의 경우 아버지 한석진 목사가 마펫 선교사로부터 세례를 받고 그의 조사助事로 평양에서 활동한 이력이 있다. 따라서 일찍이 딸을 가진 개신교 집안 사람들에게 여의사 만들기를 권고했던 로제타 셔우드 홀 의사가 1900년대 초반 평양에서 활발한 활동을 전개하고 있었던 것이 이들이 의사가 되기로 마음을 먹고 유학까지 떠날 수 있었던 것과 연관성을 가지지 않을까 추정해볼 수 있겠다.

1908년 숭의여학교를 1회로 졸업한 김애희는 북경에 위치한 화북협화여자의학교North China Union Medical College for Women에서 의학공부를 했다. 이 학교는 1908년 미국 감리교, 장로교, 공리회가 공동 설립한 학교였다. 1921년 졸업 후 고향인 평양으로 돌아온 김애희는 1923년 5월 조선총독부 의사시험에 합격하여 의사면허를 받았다. 이후 평양 연합기독병원 부인과 부장으로 근무하던 중 1926년 2월 13일 한소제와 함께 미국으로 유학을 떠났다.

1923년 동경여자의학전문학교를 졸업하고 의사면허를 취득해 한국으로 돌아왔던 한소제는 조선총독부의원, 신의주 태성당의원 등에서 진료활동을 펼쳤으며, 모교인 정신여학교에서 생리위생을 가르치다 김애희와 함께 미국 유학길에 나섰다.

1926년 3월 10일 샌프란시스코에 도착한 김애희는 필라델

김애희

<u>출처</u> *Fifty Years of Light*

경성탁아소 앞에서 한소제(오른쪽 끝)

<u>출처</u> *Fifty Years of Light*

피아에서 유학생활을 시작했으며, 1927년 후반 뉴욕으로 옮겨 뉴저지시티병원에서 근무했다. 그리고 유학 중 뉴욕 유학생이던 목사 이용직李容稷과 혼인했다. 1928년 11월 미국 유학생활을 마치고 귀국한 김애희는 평양 연합기독병원으로 돌아가 환자 돌보기에 매진했으며, 해방 후에는 서울에서 활동을 이어갔다.

한편 한소제는 미국 도착 후 남편 신동기가 이미 자리를 잡고 공부하고 있던 미시간주 앨비온대학으로 가 의학공부와 실습에 열중했다. 이후 워싱턴대학 의학부에서 소아과 연수를 받은 후 1929년 2월 귀국하여 남편의 고향인 전주에서 의료활동을 하다 1936년 12월 경성의 릴리안해리스기념병원에 신설된 경성탁아소 주치의로 활동하기 시작했다.

이렇듯 의사가 되고 미국에서 제2의 유학생활을 보낸 후 다시 고국에 돌아와 활발한 활동을 전개한 김애희나 한소제와 달리, 송복신은 의사가 되기 위해 동경으로 유학을 떠난 이후 줄곧 해외에서만 활동을 펼쳤다. 1922년 동경여자의학전문학교를 졸업하고 의사가 된 그는 이듬해 미국으로 가 바버Barbour 장학생으로 미시간주립대학에 입학, 위생학을 전문적으로 연구하기 시작했다. 송복신의 조카 윤순영의 회고에 따르면 송복신은 일본 유학시절부터 독립운동에 가담하여 체포, 고문을 당한 바 있고, 이후에도 일제의 계속된 감시로 국내에서의 활동이 어려워져 미국 유학을 가게 되었다고 한다.

1924년 바버장학생 단체사진

맨 아랫줄 왼쪽에서 두 번째 한복을 입은 학생이 송복신

출처 Bentley Historical Library, University of Michigan

1928년 석사학위를 취득한 그는 이듬해 6월 "인종별 성장 차이Difference of Growth in Different Races"라는 제목의 논문으로 위생학 박사학위를 받았는데, 이는 한국 여성으로서는 최초로 박사학위를 취득한 사례였다. 송복신은 미시간주립대학 시절 만난 미국인 윈필드 라인Winfield Henry Line과 혼인했으며, 박사학위 취득 후 미시간주 공중위생국, 시카고노스웨스턴대학, 미시간주립대학 등에서 근무하며 미국에서 일생을 보냈다.

1894년 박에스더의 미국 유학으로 한국 여성의 해외유학 역사가 시작되었지만 구한말과 일제강점기 한국 땅에서 여자가 학교를 다니며 교육을 받는다는 것 자체가 흔한 일은 아니었다. 그런 상황에서 초·중등교육을 넘어 의사가 되기 위한 고등교육을 받고자 일본이나 중국으로 유학을 가기로 마음먹고 실행으로까지 옮겼다는 것은 실로 대단한 일이다. 심지어 앞서 살펴본 세 명의 여의사는 이 수준을 또 한 단계 뛰어넘어 태평양 너머 한 달 이상 배를 타야 도착할 수 있는 미국에 가서 더 수준 높은 의술을 배우고 학문에 정진하는 진취적인 모습을 보여주었다.

자신의 현재 위치에 만족하지 않고 더 넓은 세계로 나아가 많은 것을 경험하고 자신의 능력을 향상시키기 위해 노력했던 이들의 도전의식은 현대를 사는 우리에게도 여전히 큰 울림을 가져다준다.

조선여자의학강습소가 시작된 서울 창신동 루이스홀

1900년 박에스더가 한국 여성으로서는 최초로 의사가 된 이래 안수경, 김영흥, 김해지, 허영숙, 정자영, 현덕신 등이 한국인 여의사 계보를 이어갔다. 그러나 단 한 가지 아쉬운 점이 있다면 이들은 한국 땅 밖에서 교육을 받고 의사가 되었거나, 한국에서 공부해 의사가 되었더라도 정식으로 입학한 의학교 학생이 아닌 청강생의 자격으로 교육을 받고 의사가 되었다는 점이다.

1890년 한국에 와 보구녀관에서 한국 의료선교사역을 시작한 로제타 셔우드 홀은 일찍이 한국 땅에서 한국 여성들이 의학교육을 받고 의료인으로 성장하는 것을 꿈꾼 인물이었다. 그래서 보구녀관에서 활동하던 시기 '의료보조훈련반'을 만들어 '마이 걸스my girls'(박에스더, 노수잔, 여메례, 봉순, 애니, 오와가)를 키워냈고, 평양으로 임지를 옮긴 후에는 광혜여원에서 커틀러 의사와 함께 여성의학강습반을 만들었다. 그러나 아직 국내에서 자체적인 여의사 양성을 하기에는 인력도 재정도 충분히 확보되어 있지 못했기 때문에 홀과 커틀러는 의사가 될 만한 자질을 가진 여학생들을 선발하여 당시 남학생만 입학할 수 있었던 경성의학전문학교에 청강생으로 등록시켜 교육받게 하거나 외국(일본, 중국)으로 유학을 갈 수 있도록 주선해주었다.

이 같은 방법으로 의사가 된 이들은 1920년대부터 본격적으로 경성의 릴리안해리스기념병원, 조선총독부병원 및 지방의 여러 병원에 취업하거나 개인병원을 열어 자신들의 능력을 펼쳐 나가기 시작했다. 한국인 여의사들이 배출되기 시작했지만 1925년부터 경성의학전문학교에서는 더 이상 여자 청강생들을 받지 않았으며 동경 등 외국으로 유학을 가 공부하는 것도 쉬운 일은 아니었다. 이에 당시 릴리안해리스기념병원장으로 일하고 있던 로제타 셔우드 홀은 한국 내 여자의학교 설립에 박차를 가하기 시작했다. 홀의 여의사 교육기관 설립 구상은 1926년 자신의 회갑연에서 보다 구체화되었다. 그는 이날 참석자들 앞에서 한국에 여자의학교를 세워야 한다는 취지의 발언을 공개적으로 했다.

내가 여기에서 한 가지 제의할 것이 있는데, 이는 한국 여성들을 위해 하려는 일로 여러분이 협력할 수 있을는지요? (…) 현재 한국에 여자 의사가 얼마나 필요한지 아십니까? 그런 즉 이 땅에 여자의학전문학교가 당연히 있어야 할 것이 아닙니까? 이에 대해 여러분은 어떻게 생각하십니까?[1]

1928년 3월 31일 열네 명의 여성 의료인이 회합을 열어 조선에 여자의학교를 설립하는 것에 뜻을 모았다. 4월 14일 명월관에서 발기인대회가 열렸으며, 5월 19일 창립총회를 개최하여 조선여자의학전문학교 기성회를 조직했다. 이 자리에서 전문학교 설립 전단계로 조선여자의학강습소를 설립하기로 결정했고 장소는 창신동의 고故 루이스 씨 집을 빌려 임시 사용하기로 했다.

그렇다면 강습소가 들어서는 건물의 주인이었던 루이스는 누구인가? 엘라 루이스는 보구녀관에서 근무한 최초의 간호사였다. 1862년 10월 27일 펜실베이니아주 포츠빌에서 태어난 그녀는 뉴욕에서 로제타 셔우드 홀과 함께 일한 적이 있었는데, 그때 홀의 권유를 받아 W.F.M.S. 뉴욕지부를 통해 한국에 파송되었다. 그녀는 1892년 1월부터 보구녀관에서 간호사로 헌신했으며, 이화학당에서도 학생들을 가르쳤다. 1899년부터는 간호사의 직무를 내려놓고 본연의 교회 전도사역에 집중하다 1906년 초 선교사직에서도 물러났다. 이후에도 그녀는 미국으로 돌아가지 않고 한국에서 생활했으나 아쉽게도 구체적인 행적은 알 수

1 "홀 여사의 30년 제근 축하", 『기독신보』, 1926.10.27.

엘라 루이스 묘소

없다. 1927년 9월 14일 심장병과 신장염으로 릴리안해리스기념병원에서 생을 마감한 루이스는 현재 양화진 외국인선교사묘원에 묻혀 있다.

조선여자의학강습소의 첫 번째 공간은 '루이스의 집(창신동 132번지)' 또는 '창신동 131번지'로 기록되어 있는데, 1912년 조선총독부 『토지조사부』를 보면 이미 이때부터 창신동 131, 132, 133번지 소유자가 미국인 루이스였음을 확인할 수 있다.

오른쪽 하단의 지도는 1913년 『지적원도』로 루이스의 소유 부지가 상당한 넓이이며 131번지 안에 132번지가 위치해 있음을 알 수 있다. 235쪽 지도는 1914년 제작된 지도인데 지번은 적혀 있지 않지만 위치를 보았을 때 창신동 131번지에 '미국인

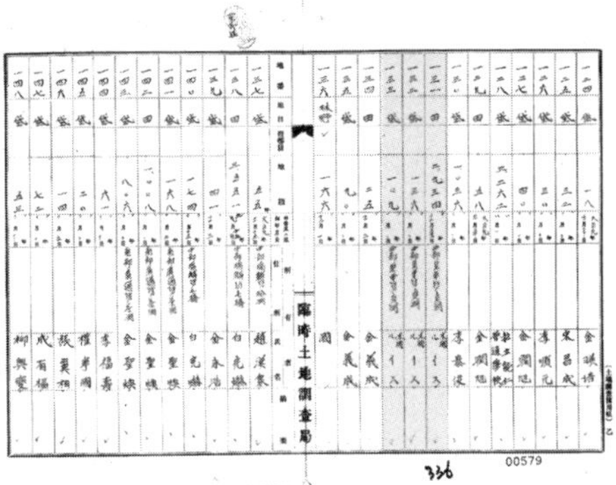

『토지조사부』(1912)

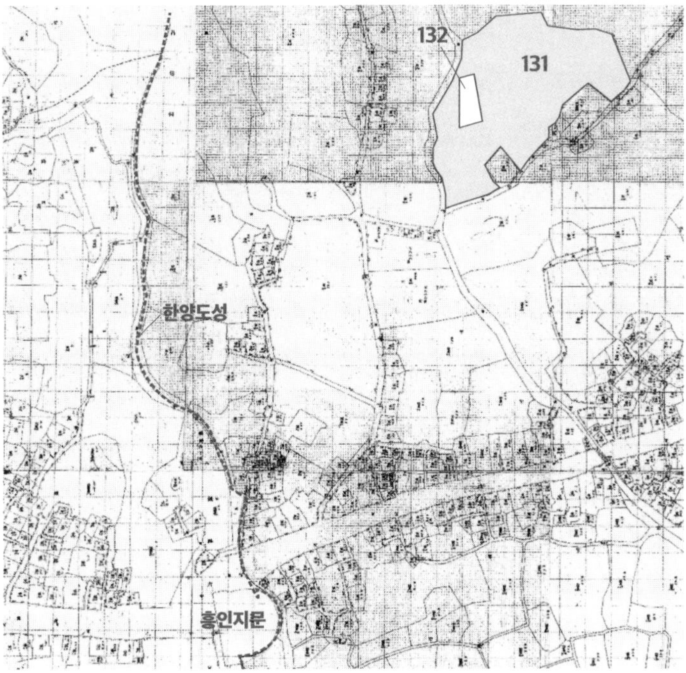

『지적원도』(1913)

루이스'라는 표기가 기재되어 있다. 루이스가 이 넓은 토지를 어떻게 소유하게 되었는지 정확히 알려진 바는 없다. 다만 그녀가 사망한 후 보도된 1927년 11월 4일자 『조선일보』 기사를 보면 '옛날에 고 광무황제(고종)께서 하사하옵신 적지 않은 토지'라는 내용이 나온다. 그러나 루이스는 창신동 외에도 죽첨정 3정목(현 충정로 3가)에 총 2천여 평에 가까운 밭 세 필지를 소유하고 있었기에 기사 속 토지가 무엇을 말하는지는 정확히 알 수 없다.

1927년 『경성부지적목록』을 보면 창신동 131번지는 필지가 둘로 나뉘는데, 131-1번지(2,713평) 소유자는 루이스, 131-2번지(221평)와 132, 133번지 소유자는 윤화정尹和鼎으로 나와 있다. 윤화정은 루이스가 1924년 우연히 인연이 닿아 이후 양자로 삼은 인물로 그녀가 사망하기 전 자신의 재산 중 일부인 창신동 토지를 윤화정에게 증여해 소유권의 변동이 있었다.

그렇다면 사망한 루이스의 집을 어떻게 조선여자의학강습소가 사용할 수 있었던 것일까? 그 해답은 로제타 셔우드 홀이 *The Korea Mission Field* 1928년 9월호에 기고한 의학강습소 설립 준비과정에 대한 글에서 찾아볼 수 있다.

> 내 인생의 오랜 친구 고故 루이스의 예금과 부동산이 이 사업(필자 주. 여성의학교육사업)에 바쳐질 것이다. (…) 그녀는 우리가 제안한 의학교에 자신의 재산이 쓰이길 바라는 마음을 표현했고, 그녀

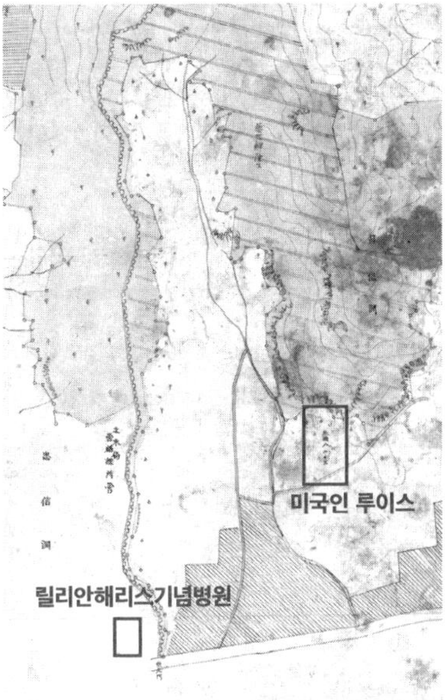

『영미동·낙타산국유림경계도』2(1914)

출처 국립중앙박물관

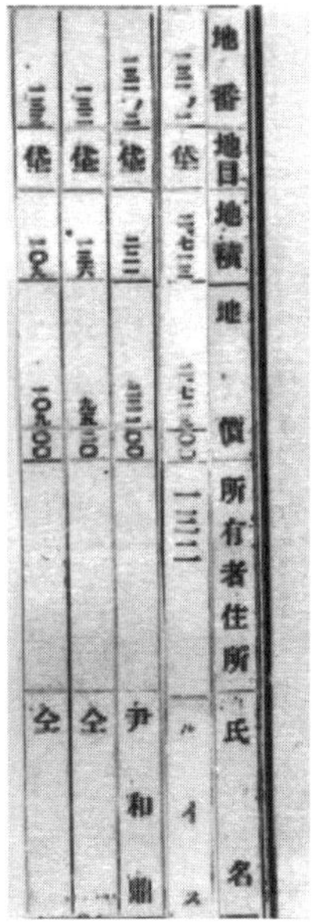

『경성부관내지적목록』(1927)

가 사망하기 불과 몇달 전 이 일에 참여하기 위해 두 차례나 애썼다. 해리 루이스(필자 주. 엘라 루이스의 동생) 씨와 윤화정 씨도 모두 찬성했기 때문에 이 일은 실현될 것이라 믿는다.[2]

즉 루이스는 선교회를 나간 후에도 계속 홀과 인연을 이어갔

2 R. S. Hall, "The Woman's Medical Training Institute", *The Korea Mission Field*, 1928.9.

으며 조선 땅에 여성 의학교육기관을 설립하고자 하는 홀의 뜻에 함께할 의지가 살아생전 있었던 것이다. 이후 루이스의 집은 'Ella Anthony Lewis' Memorial Hall'로 불리며 1928년 9월 4일부터 조선여자의학강습소로 사용되기 시작했다. 로제타 셔우드 홀은 강습소를 운영하면서 계속 이를 의학전문학교로 전환하기 위해 노력했으나, 결국 거기까지는 뜻을 이루지 못하고 1933년 은퇴한 후 미국으로 돌아갔다.

홀은 미국으로 돌아가며 조선여자의학강습소를 길정희, 김탁원 부부 의사에게 넘겼고, 강습소는 그해 여름 관철동 140번지로 이전되었다. 예비 여성 의사들을 교육하던 루이스홀이 비게 되자 이 공간에는 유치원 교사를 양성하는 중앙보육학교(현 중앙대학교의 전신)가 곧바로 들어와 1935년 4월경까지 또 다른 목적의 여성교육 공간으로 사용되었다. 중앙보육학교가 나간 이후 이 건물이 어떻게 되었는지는 알려진 바가 없으며, 현재 루이스홀이 있던 곳에는 빌라촌이 형성되어 있다.

2011년 발간된 서울역사박물관의 창신동 지역 조사연구서인 『창신동: 공간과 일상』을 보면, 일제강점기 창신동의 교육시설 소개 중 중앙보육학교에 대한 언급은 있지만 그보다 앞서 있던 조선여자의학강습소와 관련한 내용은 찾아볼 수 없다. 이는 한국에서 이루어진 첫 번째 '한국인 여의사 교육기관'의 출발지로, 창신동에서 5년이나 운영되었던 조선여자의학강습소에 대한

조선여자의학강습소 학생들

출처 GCAH

현재 우리의 인식을 보여주는 단편적인 예라 할 수 있겠다. 이제는 창신동에 루이스홀과 관련된 아무런 흔적이 남아 있지 않지만, 우리는 인생의 대부분을 조선 땅에서 조선 여성의 의료·선교·교육에 헌신한 로제타 셔우드 홀, 엘라 루이스의 노고와 더불어 한국 여성의학교육의 뿌리가 언제, 어느 곳에서, 누구로부터 시작되었는지를 기억해야 할 것이다.

제국여자의학전문학교 제1회 졸업생 한국인 여의사들

로제타 셔우드 홀 의사가 1928년 경성에 조선여자의학강습소를 열기 전까지 의사의 꿈을 가진 한국인 여성들은 경성의학전문학교의 청강생으로 입학하거나 일본, 중국, 미국 등 해외로 유학을 가야만 의학공부를 할 수 있었다. 다만 경성의학전문학교의 경우 규정에 따르면 입학자격에 있어 성별의 제한이 명시되어 있지는 않았으나 암묵적으로 여학생을 받지 않았으며, 1914년부터 로제타 홀의 요청으로 일부 여학생에 한해 청강생 입학을 허용했을 뿐이다. 따라서 한반도 땅 안에서 여학생들이 의학교육을 받는 것은 너무나 어려웠기에 1910~1920년대 의학공부를 원한 여학생들 대부분은 여자의과대학이 있는 일본으로 유학을 가는 방법을 택했다.

1910~1920년대 의학공부를 위한 한국 여성들의 해외유학

지는 1900년 개교한 일본 최초의 여성의학교육기관인 동경여자의학전문학교에 집중되었다. 그러다 1925년 4월 형제 의사였던 누카타 유가타額田豊, 누카타 스스무額田晉가 동경 에바라군 오오모리마치에 새로운 여성의학교육기관인 제국여자의학전문학교(이하 제국여의전, 1930년 제국여자의학약학전문학교로 개칭, 현 토호대학東邦大學)를 세우고 부속병원을 함께 열었다.

5년제(예과 1년, 본과 4년) 교육과정의 제국여의전이 개교하자 첫 입학생 모집에서부터 한국인 여학생들이 지원해 합격했다. 그리고 1930년 거행된 제1회 졸업식에는 한국인 여학생 셋(김용희, 장문경, 문순성)이 포함되어 있었다. 이들 세 명의 여의사를 필두로 1930년부터 1944년까지 제국여의전을 통해 배출된 한국인 여의사는 총 36명이었다. 이는 동경여자의학전문학교에 이어 두 번째로 많은 여의사 배출 인원이었다.

그렇다면 제국여의전을 1회로 졸업한 이 세 명의 한국인 여의사들은 어떤 사람들이었을까?

김용희金龍喜는 서울 출생으로 1924년 경성여자고등보통학교를 졸업했다. 이후 의사가 되기 위해 일본으로 유학을 가 제국여의전에 입학, 1930년 졸업하고 귀국했다. 1933년 선배 여의사였던 정자영이 운영하던 경성 수은동 92번지 진성당의원 자리에서 내과, 소아과, 산부인과 진료를 보는 병원을 개업했으며, 이후 천연동 117-3번지에 부인병원을 열었다. 릴리안해리스기념병원과 적십자병원에서도 근무한 바 있었다. 김용희 의사가 개원한 천연동의 병원은 현재도 며느리 남소자 의사에 의해 이어지고 있다.

장문경張文卿은 경남 진주 출신으로 어머니의 교육열 덕분에 일본으로 유학을 갈 수 있었다. 17세 때 유학을 가 정화고등여학교를 마친 뒤 1925년 개교한 제국여의전에 입학해 1930년 1회 졸업식 때 수석으로 졸업했다. 졸업 후에는 제국여의전 부속병원에서 근무하다 고국으로 돌아와 경성의전 병원에서 1년 여간 실습을 했다. 이후 1933년 경성 관훈동 195번지에 산부인과인 정화精華의원을 개업해 1975년까지 운영하며 장안의 손꼽히는 명의로 이름을 날렸다. 정화의원으로 사용하던 건물은 당시의 모습을 그대로 유지한 채 현재 관훈갤러리로 사용 중이다.

장문경 의사는 일제강점기 『매일신보』, 『조선중앙일보』, 『조선일보』, 『동아일보』 등 주요 신문에 여성건강, 위생, 아동건강 등을 주제로 하는 다수의 칼럼을 게재했으며, 조선보육협회, YWCA 등에서 개최하는 위생강연회에서 강연활동도 펼쳤다. 해방 후 1947년 서울보건부인회 결성에도 주도적인 역할을 담당했으며, 한국여자의사회 4대 회장(1963~1965)도 역임했다. 장학사업에도 관심이 깊어 일찍부터 대학생들을 데려다 숙식과 학비를 지원해주었고, 1983년 11월에는 사재 2억여 원을 출연하여 장문경 장학재단을 설립했다.

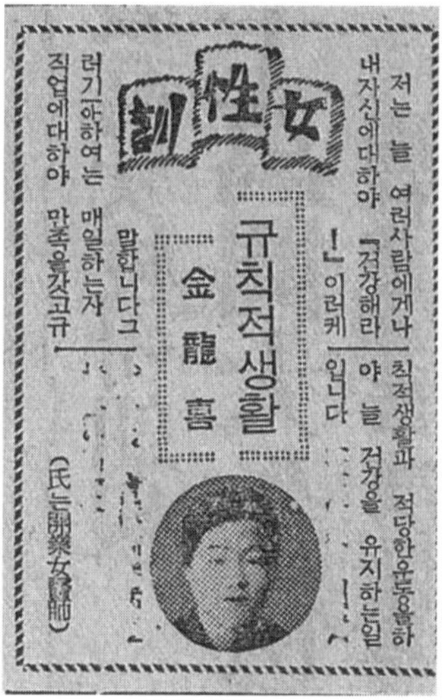

女性訓

저는 늘 여러사람에게나 「규칙적생활과 적당한운동을하라」 내자신에대하야 『건강해라』야 늘 건강을 유지하는일 [illegible]」 이러케 입니다 [illegible]

규칙적생활

金龍喜

말합니다그 [illegible] 러기｢하하여는 매일하는자 [illegible] 직업에대하야 만족을갖고규 [illegible] (氏는 [illegible]女醫)

『매일신보』 1941년 4월 11일자 김용희 게재 칼럼

女性衛生講座 (1)

임신햇슬때 일 쉬는것이안전

女醫 張文卿

『조선중앙일보』 1935년 2월 10일자 장문경 게재 칼럼

문순성文郇城은 제국여의전을 졸업하고 제국여의전 부속병원에서 부인과와 소아과를 수련한 후 귀국, 1930년 12월 전라남도 영암군 동무리에 병원을 개업했다. 이 병원은 여의사가 영암군에 개원한 첫 번째 병원으로 지역민들에게 큰 환영을 받았다. 이후 문순성 의사는 일본의과대학 출신으로 1931년부터 여수 서정西町에서 중앙의원을 운영 중이던 남편 조주환曹駐煥과 함께 이 병원에서 산부인과 및 외과 진료활동을 펼쳤다. 해방 후에는 1949년 대한부인회 여수군 지부 부지부장으로 활동했다.

이상에서 살펴본 바와 같이 제국여의전을 1회로 졸업한 여의사 셋은 의사가 된 후 활발한 의료활동을 전개하며 여성환자 진료 및 지역의료 발전에 큰 공헌을 한 것은 물론 사회활동도 병행했다. 의사가 되겠다는 일념 하나로 해외유학을 떠난 것과 더불어 아무런 사전정보가 없는 신생학교에 입학해 학업을 이어간 이들 3인방의 모습은 실로 용기 있는 행보였다고 할 수 있다. 아마도 한국인으로서 제국여의전의 문을 연 이들의 행보는 이후 의사를 꿈꾸던 또 다른 한국인 여학생들의 입학 활로를 넓히는 데 공헌했으리라 본다.

W.F.M.S.의 선교사들은 어떻게 한국어 공부를 했을까?

W.F.M.S.의 선교사들은 자신이 선교활동을 하게 될 나라의 언어를 아는 것이 무척 중요하다고 강조해왔다. 그 나라의 언어를 알지 못한 상태에서는 사람들과 진심으로 소통할 수 없다고 생각했기 때문이다. 한국에 파견된 W.F.M.S.의 첫 번째 선교사였던 스크랜튼 대부인은 한국에 오기 전 일본에 머물며 한학자 이수정으로부터 한국어를 배웠고, 보구녀관 초대 병원장이었던 메타 하워드는 뛰어난 언어 실력으로 금세 한국어를 익혔다. 제중원 부녀과 담당의사였던 릴리어스 호튼은 메타 하워드가 스스로 언어를 익혔다고 기록했다.

한국에 새로 오는 선교사들은 한국어를 익히기 위해 일정 기간 규칙적인 공부를 했다. 1912년에 한국에 온 간호사 나오미 앤더슨은 평양에 머물며 한국어를 배웠고, 보구녀관의 마지막 병원장이었던 아만다 힐만 의사 역시 언어 공부와 환자 진료를 병행하느라 무척 분주했다. 로제타 셔우드 홀은 한국어가 늘지 않는 데다 공부할 시간이 충분치 않다는 고민을 일기에 남기기도 했다.

그렇다면 이들은 과연 한국어 공부를 어떻게 했을까? 미국 감리교 한국선교부는 1888년 '언어위원회'를 조직하고 한국에 파견된 감리교 소속 남녀 선교사들의 한국어 학습 관리와 평가, 학습과정의 개발과 정비 등 한국어 교육과 관련한 모든 사항을 맡아 체계적으로 진행하기 시작했다. 한국어 학습은 3년 과정으로 이루어졌으며, 다음 연차의 과정으로 넘어가기 위해서는 평가시험을 통과해야만 했다.

선교회 연례보고서에는 언어위원회가 진행한 선교사들의 한국어 학습 평가결과도 기록되어 있는데, 보구녀관 의사와 간호사들에 대한 기록도 나온다. 1899년 입국한 언스버거 의사는 한국어를 배운 지 1년도 되지 않았지만 하루 평균 세 시간 이상 한국어 학습에 매진하여 1년차 전체 과정을 괄목할 만한 수준으로 통과해 2년차로 빠르게 승급했다. 보구녀관 간호원양성학교를 설립한 에드먼즈 간호원장은 1903년 한국에 입국해 1904년 1년차 학습을 마치고 시험을 봤는데, 1년차 학습항목 중 『언문말칙』, *Fifty Helps*, 음절표를 다시 공부하는 조건으로 2년차로 승급했다.

언어위원회는 선교사들의 특수한 업무 상황을 고려해 1909

게일의 『ᄉᆞ과지남』

출처 한국민족문화대백과사전

베어드 부인의 *Fifty Helps*

출처 국립중앙도서관

년 1년차 간호사들을 오전 업무에서 제외시키고 한국어 학습에 전념할 수 있도록 해주었다. 또 1913년에는 의사와 간호사들의 한국어 시험에 의학 및 위생과 관련한 문제를 추가할 것을 제안하기도 했다.

선교사들이 자신이 파견된 선교지에서 한국어 학습을 충분히 진행하며 원만하게 선교활동을 할 수 있도록 계속해서 커리큘럼을 개발·정비하는 일을 하던 감리교 언어위원회는 1916년 해산한다. 이후 교파를 통합한 새로운 한국어 교육기관이 등장했기 때문이다. 1920년 미국 북장로교와 미국 감리교가 중심이 되어 선교사 한국어 교육기관인 Language School(어학원)을 설립했다. 이 기관 또한 1년 2학기제의 2년에 개별 선교회 차원에서 진행하는 1년의 총 3년 과정으로 운영되었다.

Language School에서 사용한 주요 한국어 교재의 집필자들은 언더우드 선교사, 스톡스Marion B. Stokes 선교사, 애니 베어드 부인Annie Laurie Adams Baird 등이었다. 언더우드는 한국어를 잘하는 선교사 중 한 명으로 『한영문법』을 비롯한 여러 권의 한국어 교재 및 한국 관련 책을 집필했다. 스톡스는 선교사들의 한국어 강사로 오랫동안 활동하며 한국어 초급자가 스스로 보고 익힐 수 있는 교재 *Korean by Clause-Method*를 저술했다. 베어드 부인은 한국어 운문체를 가장 잘 구사한 선교사로 영어 찬송가를 한국어로 번역하며 한국 찬송가의 어머니로 불렸다. 이들이 남긴 한국어 관련 교재들은 외국인 선교사들을 위한 훌륭한 교과서가 되었다.

1921년 W.F.M.S. 한국 연례보고서에는 Language School의 교육과정이 자세하게 소개되어 있다. Language School 입학 후 처음 2년간 배우는 내용은 다음의 표와 같다. 특히 Language School에서는 매 학기 사이에 'Intra Term Work'라고 해서 정규수업이 없는 일종의 방학기간에 스스로 학습할 내용까지 제시해주었다.

학기	교육내용
1-1	음운과 절 받아쓰기 음운 변화 주의해 읽기 스톡스, 『절의 형태로 배우는 한국어』 베어드나 스코트의 예문들과 함께하는 문법
Intra Term Work A	언더우드 『한영문법』 part I 141쪽까지 주의 깊게 읽기 언더우드 『한영문법』 part II 5장까지 공부 언더우드 『한영문법』 part II 바탕으로 한국어 문장 100개 제출하기 베어드의 *Fifty Helps* 전반부 공부 주기도문 암송 읽기와 쓰기 연습
1-2	쉬운 성경 구절과 기도문 마가복음 1~5장 스톡스나 언더우드 『한영문법』 part II에 기반한 대화

Intra Term Work B	마가복음 끝내기 『한영문법』 part I 끝내기 *Fifty Helps* 끝내기 『한영문법』 part II 전치사와 접속사 공부 1초당 5음절을 읽을 수 있는 속도로 읽기 연습 한자 100개 배우기 제시된 한국어 책 최소한 2권 읽기
2-1	대화: 언더우드의 '매일 한국어' 이솝우화 한국의 지리 관계 찬송가 1~20 복음 강연 또는 성경 이야기
Intra Term Work C	게일의 『ᄉᆞ과지남』 1~10쪽 공부 『기독신보』 최소 1주에 1개 칼럼 읽고 분석(교회소식 2/3, 일반 1/3) 긴 어미의 일상적인 축약형 사용 연습 학교 교수진에게 제출할 작문 최소 400단어 사용해 직접 쓰기 사람들의 일상과 관련한 단어와 구 공부
2-2	『천로역정』 I 언더우드의 '매일 한국어' 후반부 신문 오륜행실 또는 다른 한국 예법 책 이야기의 재구성
Intra Term Work D	사도행전과 복음서 읽기 게일의 『ᄉᆞ과지남』 107~241쪽 공부 한국의 규범 공부 한국어로 성경 번역하는 연습 한국어 작문을 연습하고 조사나 전도부인에게 지시할 사항에 대해 최소 2편의 편지를 써서 학교 교수진에게 제출 제시된 한국어 책 최소 2권 읽기 한자 200개 배우기

3년째의 과정은 한층 더 심화된 내용으로 진행되었는데, 감리교에서는 다음과 같은 교육내용을 가지고 있었다.

게일 『스과지남』 참조해 한국어 속담 30개 배우기

익숙한 영어 이야기를 자신의 한국어 선생님에게 말하는 연습

일반 기사에 중심을 두고 신문을 계속해서 읽기

100개의 특별한 시사 용어나 구 배우기

한자 200개 배우기

한자로 된 한국 성姓 30개 읽고 쓰기 배우기

1주일에 한국어 성경책 하나 선택해서 외우기

활동에 따른 한국어 교과서 한 권 읽기

로마서, 히브리서, 옥중 서신의 형식 번역하고 설명하기

편지 쓰기 훈련 계속

교회에서 매년 낭독하는 장정의 교리 부분과 회원 입회식, 세례, 혼인, 성만찬 의식 중 하나인 교리 부분을 읽고 통역
전도 사역자는 장정 전체를 읽어야 하고, 특히 큰 소리로 읽는 연습

추천도서 4권 읽기

설교나 강연 2편 준비(1,500~3,000자)
- 하나는 선생님 도움 없이 준비
- 하나는 선생님 도움 받아 준비하고 암기

한편 위 교육과정에서 여러 번 언급된 추천도서로는 다음의 21권이 제시되었다. 이 책들은 서양인이 바라본 당시 한국의 모습, 한국에서의 선교사들의 생활, 당시 한국의 대표적 종교였던

불교, 한국의 옛이야기 등 다양한 주제를 다뤘다.

제목	저자	제목	저자
Korea, the Hermit Nation	Griffis	*The Vanguard*	Gale
Passing of Korea	Hulbert	*Korean Sketches*	Gale
Fifteen Years among the Too Knots	Underwood	*Korean Folk Tales*	Gale
Ewa, A Tale of Korea	Noble	*Korea Fact and Fancy*	Allen
Underwood of Korea	Underwood	*The Story of Korea*	Longford
A Modern Pioneer in Korea	Griffis	*Daybreak in Korea*	Baird
The Rebirth of Korea	신흥우	*Inside Views of Missionary Life*	Baird
Day in and Day out in Korea	Nesbit	*The Church in Korea*	Trollope
Korean Buddhism	Starr	*Village Life in Korea*	Moose
Religions of Eastern Asia	Underwood	*The Foreign Missionary*	Brown
		A Corn of Wheat	McCully

모국어인 영어와는 전혀 다른 체계를 지닌 한국어는 한글에 대한 사전지식 없이 한국에 파송된 선교사들에게 분명 큰 장벽이었을 것이다. 그럼에도 자신이 맡은 직분을 충실히 수행하는 데 필수요건이었을 한국어 학습에 힘쓴 선교사들의 노력은 주목할 만하다. 그들은 아마도 단순히 새로운 언어를 배우는 것이 아

닌, 언어를 통해 한국인의 일상적인 삶과 가치관, 문화를 이해하고 한국인과 더 깊은 교류를 나누기 위한 열쇠로 이 시간을 소중하게 이용했을 것이다.

개화기부터 쌓아온 선교사들의 한국어 교육체계는 해방 이후 다시 한국으로 돌아온 선교사들에 의해 계승되었고, 이는 대학 내 외국인을 위한 '한국어학당' 설립으로까지 이어졌다. 선교활동을 원활히 수행하기 위해 시작된 이들의 한국어 학습은 결과적으로 오늘날 외국인을 위한 한글교육의 바탕이 되었다. 이 역시 선교사들이 한국 사회에 남긴 중요한 유산으로 기억되어야 할 부분이다.

일제강점기 선교사 철수 후에도 병원을 지킨 안수경 병원장

1931년 만주사변, 1937년 중일전쟁 도발 이후 일제는 한국에 머무는 선교사들을 강하게 감시하고 탄압했다. 일본과 서양 국가들의 외교 관계가 점차 악화되었기 때문이다. 또한 일제는 '신사참배' 저항의 배후에 선교사들이 있다고 판단하며 선교사를 비롯한 외국인들의 입국 및 퇴거에 관한 법령을 강화했다. 전쟁의 위험이 높아지면서 1940년 10월 미국 루즈벨트 대통령은 동양 각지에 거주하는 모든 미국 시민에게 귀국할 것을 통고했다. 이에 11월 한국 거주 선교사와 그 가족을 비롯한 219명의 미국인들이 마리포사호The Mariposa를 타고 귀국했다. 1941년 들어 상황은 더욱 악화되었고, 이에 미국 북감리교 선교본부는 한국과 일본의 모든 선교사들에게 즉각적인 철수를 통보했다.

시대의 거센 풍파는 릴리안해리스기념병원도 피해 가지 못

버니타 블록 의사

출처 GCAH

했다. 1930년대 가장 마지막까지 릴리안해리스기념병원에서 근무한 외국인 의사는 버니타 블록이다. 버니타 블록은 1926년 미시간의과대학을 졸업하고 1927년 W.F.M.S. 선교사로 한국에 파송되었다. 버니타 블록은 1935년까지 릴리안해리스기념병원에서 근무하다 1937년 본국으로 돌아갔다. 10년이나 한국에서 활동했지만 서슬 퍼런 시대 상황 탓에 블록 의사에 대한 충분한 정보가 남아 있지 않은 것이 안타깝다.

일제 말기 의료선교사들의 어려운 상황을 기록한 의사가 있다. 바로 셔우드 홀이다. 셔우드 홀은 로제타 셔우드 홀과 윌리엄 제임스 홀의 아들로 1893년 11월 10일 서울에서 태어나 한국에서 유년시절을 보낸 후 1910년 미국으로 가 학업에 매진했다. 1923년 토론토의과대학을 졸업하고 1926년 역시 의사인 부인 매리언Marrian B. Hall과 함께 한국으로 돌아왔다. 2대에 걸쳐 부부 의료선교사였던 셔우드 홀은 폐결핵 퇴치를 위해 한국 최초 결핵전문병원인 '해주구세요양원'을 설립했고, 재원 마련을 위한 '크리스마스 씰'을 도입했다.

한국어에 능숙한 데다 남다른 희생정신으로 조선인들의 존경과 사랑을 받는 셔우드 홀의 존재 자체가 조선총독부에게는 부담이 되었다. 일제는 셔우드 홀의 활동을 번번이 막고 퇴짜를 놨다. 결국 셔우드 홀은 1940년 영국의 스파이로 활동했다는 혐의를 받아 일본 헌병대에 체포되었으며, 징역 3년 또는 5천 엔의 벌금형을 선고받았다. 1940년 1월, 셔우드 홀이 어머니 로제타 홀에게 보낸 편지에는 당시의 상황이 생생히 담겨 있다.

각 학교에는 영어 과목이 없어졌고 영문 간판과 표시물도 철거됐습니다. 기독교식 이름을 가진 사람들은 그 이름을 고쳐야 한다는 운동이 일고 있습니다. 조선 사람들도 성과 이름을 일본 이름으로 고쳐야 한답니다. (…) 저희는 불안정한 시대에 살고 있음이 분명합니다. 우리 건물 주위를 둘러싸고 있던 철조망들도 다 빼앗겼습니다. 철조망이 없으니 정원도 쓸모가 없게 되었습니다. 울타리가 없어지자 자주 도난을 당합니다. 중간 집에 있는 전깃줄도 다

로제타 셔우드 홀과 아들 셔우드 홀(1933)

출처 GCAH

도둑맞았고, 어제 저녁에는 조Joe의 애완용 토끼가 없어졌습니다.[1]

일제의 탄압과 세계 경제 불황으로 W.F.M.S. 본부의 금전적 지원도 어려워졌다. 1930년대 계속해서 릴리안해리스기념병원이 선교본부로부터 받던 지원금이 크게 줄어들었고, 1936년 결국 W.F.M.S.는 릴리안해리스기념병원을 비롯한 유관기관에 지급하던 보조금을 이듬해부터 중단한다고 밝혔다. 당시 기사에서 양주삼 감리교 총리사는 "동 병원의 업적으로 보아 보조금을 받지 않아도 능히 유지할 수 있는 현상이므로 문제없을 것"이라고 밝혔지만, 병원 운영에 필요한 재원에는 선교부의 지원이 상당 부분을 차지하고 있었기에 막막한 상황이었을 것이다.

선교사들과 W.F.M.S.의 지원이 끊긴 병원을 마지막까지 지킨 인물은 안수경 의사였다. 1918년 의사면허를 취득하자마자 릴리안해리스기념병원에 자리를 잡은 안수경은 이후 25년 이상을 이곳에서 헌신했다. 안수경은 병원에서 숙식을 하면서 늦은 밤, 심지어 새벽에도 응급 환자를 돌봤다. 산부인과 의사로서뿐 아니라 행정, 교육, 건축 등 모든 부분을 지휘했다. 그러면서도 안수경은 "세상일은 도무지 모르고 죽어가는 여러 사람을 하나라도 더 살리는 것이 나의 직무"라며 묵묵히 자리를 지켰다. 안

---

1 셔우드 홀, 『닥터 홀의 조선회상』, 김동열 옮김, 좋은씨앗, 2009, p.660.

수경 외에도 길정희, 김미재 등 조선인 여의사들이 함께 릴리안해리스기념병원의 빈자리를 메워주었다.

또한 병원 비용 부담을 타개하기 위해 1936년 릴리안해리스기념병원 부지 내에 탁아소를 설립했다. 간호원장을 역임한 로젠버거 간호사가 탁아소 원장을 맡았고 한국인 여의사 한소제가 탁아소 주치의로 근무했다. "병원 마당 언덕 위 붉은 벽돌집을 손으로 집어 올린 듯 산뜻하게 지어 놓은" 탁아소에는 대부분 어머니가 사망했거나 어머니가 병중에 있는 아이들이 맡겨졌다. "어머니가 없어 집에서 밥물로 기르던 아이들"도 이곳에서는 금세 통통하게 살이 올랐다. 양육 비용은 한 달 25~30원 정도였다. 인터뷰 기사에서 로젠버거 간호사는 특별한 자원이 없는 까닭에 이렇게 받아도 매달 부족하다고 덧붙였다.

소장 부인의 손목을 잡는 아이는 다섯 살 가량의 예쁜 계집애인데 낳아서 두 달 만에 어머니를 잃고 여기 와서 저만큼 자랐는데 집에서 기른 아이보다 더 깨끗하고 살이 통통 찌고 어리광도 썩 잘 부립니다. (…) 마치 아기들 기숙사를 보는 느낌이 있습니다. 좀 더 돈이 생기거든 일반적으로 이 기관이 이용되기를 바라며, 잠든 아기-노는 아기들에게 축복하며 나왔습니다.[2]

---

2 '동대문병원탁아소방문기', 『조선일보』, 1938.4.6.

한국 여성의학교육의 못자리, 이화

2025년은 이화여자대학교 의과대학 창설 80주년이 되는 해로, 이화에 공식적으로 의과대학이 설립된 것은 1945년 8월 해방 후 10월 학제 개편을 통해서이다. 그러나 이화에서 여학생들을 대상으로 의학교육이 진행된 것은 그 역사가 훨씬 더 깊으며, 그것은 한국 여성의학교육의 역사 그 자체이기도 하다.

1890년 로제타 셔우드가 보구녀관에서 진료활동을 시작하며 김점동, 여메례, 노수잔 등 이화학당을 다니던 영민한 아이들을 '마이 걸스my girls'라 부르고 기초의학과목인 생리학과 약리학을 가르치기 시작했다. '의료보조훈련반'이라 불린 이 수업은 한국 여성을 대상으로 한 근대의학교육의 첫걸음이었다. 비록 이들을 '당장 의사로 만들겠다'는 목표 아래 시작한 교육은 아니었으나 로제타의 수업은 시간이 지날수록 체계적으로 진행되었다.

생리학과 약리학으로 시작하여 약물학과 치료학 등으로 교수과목이 늘어났고, 보구녀관에서 약을 제조하고 환자들을 돌보는 방법에 관한 실질적인 수업도 진행되었다. 그러나 1892년 로제타 셔우드가 윌리엄 제임스 홀과 혼인을 하고 1894년 남편을 따라 평양으로 떠나게 되면서 의료보조훈련반 수업은 더 이상 지속되지 못했다.

로제타의 뒤를 이어 보구녀관을 맡은 메리 커틀러 역시 조선인이 조선인을 스스로 치료할 수 있어야 한다는 생각을 일찍부터 가지며 여성의료인력 양성에 노력을 기울였다. 그는 마가렛 에드먼즈 간호사와 함께 1903년 보구녀관에 간호원양성학교를 열어 '한국인 간호사 배출'이라는 새로운 역사를 시작했다. 1906년부터는 W.F.M.S. 한국 연례보고서에 여의사 양성을 위한 구체적인 계획을 보고했으며, 1908년에는 보구녀관에서 학생을 모집해 의학교육을 시작했다.

1912년 커틀러는 평양으로 임지를 옮겨 이미 그곳에서 활발한 활동을 펼치고 있던 로제타 셔우드 홀과 함께 여성의학강습반을 만들어 의사가 되고자 하는 뜻을 가진 여학생들에게 의학교육을 시작했다. 그러나 아직 충분한 커리큘럼, 교사, 시설 등이 구비되어 있지 못했거니와, 1913년 조선 총독이 지정한 의학교를 졸업하거나 미지정 사립의학교를 졸업한 자의 경우 별도의 의사시험에 합격해야만 의사가 될 수 있다는 〈의사규칙〉이 발표

됨에 따라 홀과 커틀러는 의학강습반 여학생들의 국내외 전문의학교 입학을 주선했다. 그렇지만 평양 의학강습반 교육을 중지한 것은 아니었다. 여전히 1910년대 후반까지 의학강습반에서의 교육활동을 확인할 수 있는데, 아마도 이곳에서는 전문의학교 입학을 희망하는 여학생들을 위한 기초(예비)의학교육이 실시된 것으로 보인다.

이 같은 커틀러와 홀의 노력이 끊이지 않고 지속되었기에 그 바탕 위에서 1928년 로제타 홀이 조선여자의학강습소를 설립할 수 있었으리라 본다. 또 릴리안해리스기념병원은 이러한 과정 속에서 배출된 1920~1930년대 한국인 여의사들의 대표적인 수련 공간이자 진료활동 공간으로서의 역할을 충실히 했다. 그러나 조선여자의학강습소는 경성여자의학강습소로 개칭되었다가 1938년 경성여자의학전문학교가 설립되며 발전적 해체를 했고, 릴리안해리스기념병원 또한 1943년 개인에게 매각되면서 이화에서의 여성 의료와 의학교육 역사가 중단될 위기에 처해졌다.

게다가 1940년대에 들어서며 조선총독부 일제의 전시체제 강화로 이화여전의 교육은 일제의 입맛에 따라 변칙 운용되기 시작했다. 1943년 12월 전시 〈교육임시조치령〉으로 학교는 문을 닫게 되었고 모든 정규 대학업무는 중단되었다. 1945년 3월에는 교명도 '경성여자전문학교'로 개칭되었다. 그리고 4월 신학기를 맞아 극히 제한적인 형태의 정규 대학업무가 시작되었는데 기존의 문과, 음악과, 가사과, 보육과 대신 3년제의 후생과와 육아과, 1년제의 보육전수과와 교육전수과가 개설되었다.

후생과厚生科 과장은 1929년 세브란스의학전문학교를 졸업하고 1937년 교토제국대학에서 의학박사학위를 받은 안과의사 최재유崔在裕였다. 1945년 6~8월 경성여전 후생과 교원은 최재유(산과학)를 비롯하여 의사 윤형로(내과학), 이병희(생리해부학), 이기섭(외과학), 윤일선(병리세균학)이었다. 경성여자전문학교 후생과의 정확한 교육과정은 확인할 수 없으나 이 교원들이 임상의학의 기본과목인 내외산과와 기초의학의 기본과목인 생리해부, 병리세균학을 가르쳤다는 것으로 보아 후생과의 교육과정에 의학교육이 포함되었음을 알 수 있다. 『이화100년사』에서는 이 후생과가 해방 후 의학과 설치의 산실이 되었다고 평가하고 있다.

이와 함께 1943년 개인에게 매도했던 릴리안해리스기념병원을 1945년 3월 다시 인수했다. 이로써 릴리안해리스기념병원 역시 해방 후 설치된 의학과의 실습병원으로 자리매김하며 이화의료의 역사를 다시 이어갈 수 있게 되었다.

한편 이화는 후생과 신설과 함께 신촌 캠퍼스 내에 또 다른 병원인 경성여자전문학교 부속병원을 설치·운영하기 시작했다. 병원 건물로는 교내 파이퍼홀(현 이화여자대학교 본관)을 사용했는데 1945년 6월 1일부터 진료를 시작했다. 다음은 『매일신보』 1945년 6월 1일자 기사이다.

동교에서는 생리生理와 간호看護에 대한 여학교 교원과 또는 각 지방에서 실시하고 있는 보건부保健婦 양성소 지도원이 될 자격을 부여하기 위하여 이번에 새로 부속병원을 개설하기로 되어 31일 오후 한 시에 동교 60주년 기념식과 개원식을 거행했다. 그리고 6월 1일부터 개업할 터인데 이 부속병원의 초대 원장에는 오바大庭肇 박사가 취임했으며 사무장에는 키노꼬木子東華 씨이다. 그리고 부내 동대문 부인병원을 인수하여 동교 부속병원 동대문분원으로 정하고 분원장에는 가가와賀川清邦 씨가 취임하여 학생들로 하여금 산과産科와 조

경성여자전문학교 부속병원이 사용한 파이퍼홀(1953년 전경)

출처 GCAH

산법助産法의 실지에 산 체험을 쌓도록 하기로 되였다.[1]

1945년 5월 31일 이화 개교 60주년 기념식과 함께 경성여자전문학교 부속병원 개원식이 진행되었다. 신설 부속병원 원장인 오바大庭肇 박사는 후생과 교원 중 한 명이었던 윤형로尹衡老 의사(내과)였으며, 동대문분원장 가가와賀川清邦는 이상옥李象玉 의사(산부인과)이다. 사무장 키노꼬木子東華는 동경제국대학 정치학과를 졸업하고 혜화전문학교(현 동국대학교) 교수를 역임한 바 있던 이동화李東華 씨였다. 앞의 기사 내용을 통해 후생과는 생리·간호 교육을 하는 교원, 보건부양성소 지도원 등의 배출에 목표가 있었음을 알 수 있다. 이는 제2차 세계대전 막바지 전쟁에 모든 총력을 기울이며 후방에서 전쟁을 지원하기 위한 인력을 양성하려는 일제의 의도가 담긴 것이기도 했다.

당시 『경성일보』에는 부속병원 진료 광고가 여러 차례 실렸는데, 이를 통해 신촌 소재 부속병원에서는 내과, 외과, 피부비뇨기과, 안과, 이비인후과, 방사선과를, 동대문 분원에서는 산부인과를 진료하고 있었음을 알 수 있다. 이는 이 두 병원이 후생과 학생들의 실습병원 역할을 하는 동시에 일반 환자의 진료에도 중점을 두고 있었음을 보여준다.

---

1 "경성여전부속병원 금1일부터 개설발족", 『매일신보』, 1945.6.1.

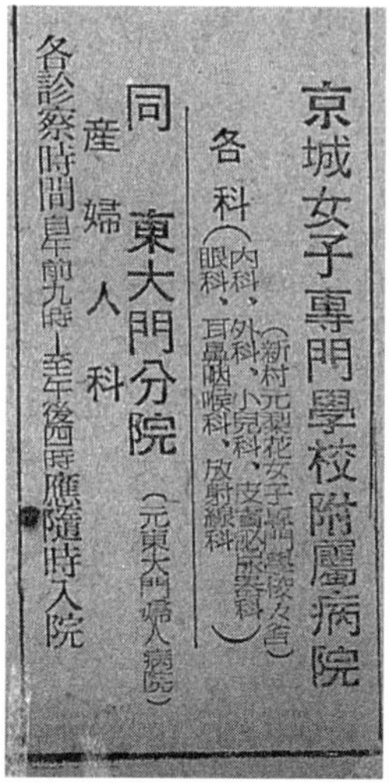

『경성일보』 1945년 6월 18일자 광고

신촌 파이퍼홀에 개원했던 부속병원이 언제까지 진료를 했는지는 알 수 없다. 그러나 개원 2개월 후 해방을 맞음과 동시에 '이화'라는 교명을 되찾으며 9월에 신입생 모집 광고와 함께 입학시험을 진행하고 10월 22일 900여 명의 학생들로 개강식을 치른 것을 보면 해방 이후부터는 신촌 캠퍼스 내에서 정상적인 병원 진료가 이루어지기 어려웠으리라 추측된다.

오히려 본교와 거리상 떨어져 있던 동대문병원이 낡기는 했겠으나 병원 시설이 오랜 기간 갖추어져 있는 상황이었고, '진료'라는 병원 본연의 역할에도 집중하기에는 훨씬 더 나은 환경이었을 것이다. 이에 1945년 12월 동대문병원은 이화여자대학교

부속병원이자 의학과의 실습병원으로 새로운 발걸음을 내딛게 되었다.

1946년 1월 31일 『동아일보』에서도 "조국의 해방과 동시에 대학으로 승격한 이화여자대학에서 의학과, 약학과생 실습과 일반 의료의 편의를 주기 위해 동부속병원을 동대문분원으로 이전, 확충하고 각 과를 개설했다"는 내용의 기사를 보도했다.

이상에서 살펴본 바와 같이 이화여자대학교 의과대학의 시작은 1945년 해방 이후 갑자기 이루어진 것이 아니었다. 보구녀관과 볼드윈진료소, 릴리안해리스기념병원을 거치며 여러 의료 선교사의 한국인 여의사 양성을 위한 의지와 노력, 그리고 실질적인 준비교육 등이 켜켜이 오랜 기간 축적되어 이루어진 산물이었다. 정식 여의사를 배출하는 제도를 완성하지는 못했지만 보구녀관에서 시작된 여성 의료인 양성을 위한 이화의 노력은 분명 의미 있는 발걸음들이었다.

해방 이전까지 이화에서 이어진 한국 여성의료교육의 역사에는 때로는 시대를 선도하기도 했고, 때로는 어두운 시대 흐름에 어쩔 수 없이 따라가야만 했던 고난의 시간이 모두 녹아 있다. 그리고 이러한 노력과 아픔들이 모여 해방 후 첫 종합대학으로 승격한 이화에서 여자의과대학 설립이라는 값진 결실을 맺었고, 이후 이화에서 배출한 여의사들은 한국 여성의학계를 이끌어나가는 주역들로 성장할 수 있었다.

결핵 환자와 지역민의 건강을 보듬던 이대부속신촌병원

1954년 4월 28일 동대문에 있는 이대동대문병원과는 별도로 신촌에 새로운 이대부속병원이 문을 열었다. 병원이 위치했던 곳은 이화여자대학교 본교 앞 지금의 대신초등학교(서울특별시 서대문구 대현동 67-1)가 위치하고 있는 자리다. 초대 병원장에는 내과 오현관吳鉉觀 교수가 임명되었다.

해방 후 동대문부속병원이 이화여대 의과대학 실습병원으로 사용되고 있었지만 진료과목이 적고 장소가 협소하다는 문제가 있었다. 이에 이화여대에서는 1950년 신촌에 현대식 시설을 갖춘 병원을 신축하기 시작했다. 그러나 6월 한국전쟁의 발발로 중단되었고, 1953년 환도 후 9월부터 다시 신촌병원 공사가 시작되어 이듬해 4월 개원할 수 있었다.

이대부속신촌병원은 의약대학 실습 및 연구, 신촌 지역의 주

1954년 설립된 이대부속신촌병원

출처 이화여자대학교

민 보건, 특히 결핵 치료에 앞장서고자 했다. 건평 142평, 연건평 285평에 지상 2층, 지하 1층 규모의 신촌병원은 하루에 100명의 환자를 진료할 수 있는 시설을 갖추고 있었다. 지하에는 세탁실, 목욕실, 보일러실이 있었으며, 1층에는 내과, 외과, 소아과, 피부비뇨기과, 이비인후과, 안과, 방사선과 진료실과 검사실, 수술실이 자리했고, 2층에는 50여 명이 입원할 수 있는 18개의 입원실이 있었다. 효율적인 운영을 위해 1954년 10월 동대문부속병원과 통합한 후 동대문부속병원의 분원이 되었으며, 의과대학 학생들의 실습 공간으로도 적극 활용되었다.

1950년대부터 30여 년간 이화여대 건축 관련 업무에 투신한 김경환 선생이 펴낸 책 『이화의 뒤안길에서』에는 신촌병원 건립 당시의 상황이 잘 담겨 있다.

> 이 신촌병원을 개설하게 된 것은 의과대학 학생들의 실습을 위주로 하는 한편, 의료 혜택을 받지 못하고 있는 신촌 일대의 주민 보건에 이바지하고자 하는 데 목적이 있었다. (…)
>
> 신촌분원은 본대학과 거리가 가까운 관계로 의대생들의 사용도가 높아지자 이에 따라 해부학 실습을 위한 15평의 실습장과 시체저장실을 더 신설했다.[1]

특히 이대부속신촌병원은 당시 심각했던 결핵 환자들을 치료하는 데 집중했다. 1950년대 말은 결핵약 부족과 심각한 영양 부족, 위생불량 등으로 인해 국민 중 결핵 환자가 160만 명에 달할 정도로 심각한 상황이었다. 신촌병원은 1958년 6월 결핵병원으로서의 사명을 다하기 위해 입원실 10실과 41명의 환자를 추가로 수용할 수 있는 건평 157평의 연와 단층 별관을 신축했다. 완공된 병동은 특수내부설계의 근대식 병원으로 건설되었으며, 신촌 지역 주민들의 건강상담을 위해 사회사업과의 협조를 얻어 사회관과 유아보건상담소도 개설해 운영했다.

---

1 김경환, 『이화의 뒤안길에서』, 보성문화사, 1982, p.17.

1958년 신축된 이대부속신촌병원 별관

출처 이화여자대학교

1959년 증축한 이대부속신촌병원 본관

출처 이화의료원

1959년 초에는 2층이던 본관을 3층으로 증축하여 분만실, 조산아보육실을 갖추고 산부인과 진료도 시작했다. 이로써 신촌병원은 서울 서부 지역의 종합병원으로 자리매김했다.

그런데 신촌병원의 대지는 원래 서울시 교육위원회로부터 임대를 해서 쓰고 있던 상황이었고, 1959년경 교육위원회는 이곳에 초등학교를 설립할 계획이 있다며 토지의 반환을 요구했다. 그 당시만 하더라도 세브란스병원이 연세대학교 부지로 옮겨오기 전이었으므로 신촌 일대에 있는 종합병원은 이대부속신촌병원이 유일했다. 이런 이유로 이화여대에서는 북아현동 소재의 학교 소유 대지 2천 평과 신촌병원 부지를 교환하는 방안을 내놓았다. 그러나 여러 이해관계가 상충하면서 당시 위치의 신촌병원을 유지하는 것은 어려워지게 되었다. 결국 지역사회병원의 기능을 수행했던 이대부속신촌병원은 병원 건물을 서울시 교육위원회에 기증하는 형식을 취하면서 1961년 9월 1일자로 동대문병원에 병합되었고 신촌병원 시대는 막을 내리게 되었다.

대한늬우스에 담긴 이화의료원의 역사

1952년부터 극장 상영용 뉴스로 제작된 '대한뉴스'(이하에서는 1954~1960년 시기의 공식 명칭이었던 '대한늬우스'로 표기)는 당시 나라 안팎의 소식을 대중에게 알리는 중요한 창구였다. 대한늬우스 중 이화의료원의 역사 한 페이지를 알려주는 소식이 있어 소개해본다.

11월 26일 이화여대 부속병원의 낙성식이 최 문교부장관, 이화대학 총장 김활란 박사, 박마리아 여사 등 관계 인사 다수가 참석한 가운데 거행됐습니다. 50여 개의 병실을 가지고 있는 이 병원은 1억 4천만 원의 공사비로 이뤄진 아담한 5층 건물입니다.[1]

1 "이대부속병원 낙성식", 대한뉴스, 1958.11.26.

일찍이 1916년부터 무료분만사업을 시작했던 릴리안해리스기념병원은 한국의 병원출산문화를 선도한 공간이었다. 1938년 한 해 동안 이 병원에서 태어난 아이가 1천 명을 넘어설 정도였다. 가정출산이 일반화된 분위기 속에서 릴리안해리스기념병원은 산모들에게 출산방법, 개인위생, 가정위생 등에 대해 교육하며 영유아와 여성을 위한 보건사업에 크게 기여했다.

해방 이후 이화여자대학교는 학제 개편을 통해 행림원에 의학과를 개설했으며 동대문의 병원은 이화여자대학교부속병원(이대동대문병원)이 되었다. 하지만 1949년 초 병원의 대형 화재, 1950년 한국전쟁 발발 등으로 이화여자대학교 첫 의과대학 졸

1958년 11월 26일 이대부속동대문병원 신관 낙성식

출처 국가기록원

업생 24명은 1951년 8월 20일 부산 피난지 가교사에서 졸업장을 받는 등 혼란기를 겪었다.

휴전 이후 이대동대문병원은 진료과목의 확대, 늘어나는 환자들의 원활한 수용 등을 위해 공간의 확장이 요구되었다. 이에 1년간의 공사를 통해 1958년 11월 26일, 기존 병원 건물 옆에 현대적 설비를 모두 갖춘 730평 규모의 5층 병동이 문을 열었다. 1억 4천여 만 원을 들여 지은 새 건물에는 각 병실마다 산소공급장치를, 복도에는 살균등을 비치했고, 유리창으로 된 수술견학실을 마련하여 의대 학생들의 실습에 도움을 주었다. 신병동의 건축으로 기존 1912년부터 사용한 건물은 구관, 신축 병동은 신관으로 불리게 되었다.

당시 신관에서 가장 눈에 띄는 시설은 각 층을 계단이 아닌 경사진 통로로 연결한 '램프웨이rampway'였다. 엘리베이터 시설이 없는 상황에서 램프웨이는 휠체어 이용객이나 환자 운반을 용이하게 해주는 편리한 시설이었다.

이에 앞서 1957년 12월 19일 『경향신문』에는 "'심장고동心臟鼓動도 볼 수 있고' TV 장치의 청진경 처음 도입"이라는 제목의 기사가 실렸다.

이화여대 동대문부속병원에는 음극성진동경陰極性振動鏡이라는 어려운 이름을 가진 심장병 진단기가 들어왔다. 이 기계는 한마디

이대부속동대문병원의 구관(좌)과 신관(우), 신관의 램프웨이가 눈에 띈다.

출처 이화여자대학교

로 말하자면 청진기와 심전계를 결한 것이며, 동병원 내과과장 윤해병 교수의 말로는 우리나라에 처음으로 들어온 것인데 임상과 교육적 가치가 대단하다고. 이 기계에는 전기청진기 십十개와 지름이 세 치가량 되는 진동경이 있는데 이 진동경에는 심전과 심음이 "테레비죤"과 같이 파장선으로 나타나서 눈으로 볼 수 있게 되어 있었다.[2]

2 "'심장고동心臟鼓動도 볼 수 있고' TV 장치의 청진경 처음 도입", 『경향신문』, 1957.12.19.

해당 의료기에 대해 내과 과장 윤해병 교수는 "심장판막증 진단이 정확하고 간단하며 학생 10여 명이 심장과 혈관을 동시에 잘 연구할 수 있는 기계"라고 평가했다. 기사에 따르면 해당 기계는 미화 3천 달러짜리로 적지 않은 금액이었으나 당시 병원에서는 더 나은 임상과 연구를 위해 해외 이화 친구들의 지원을 받아 이 기계를 도입했던 것으로 보인다.

사랑을 나눈 이화여대 1호 박사
반헌경 안과의사

1963년 2월 25일 개최된 이화여자대학교 졸업식에서는 이화 최초의 박사학위 수여자 두 명이 배출되었다. 이날 박사학위를 받은 학생은 반헌경, 김혜창이었는데 이들 두 명은 놀랍게도 모두 의과대학 소속이었다. 반헌경(안과학)은 「Ethanol 및 methanol을 연속투여한 가토 안구 각조직의 핵산 GOT 및 비타민 B12 함량변동에 대하여」, 김혜창(생화학)은 「인삼과 niacin이 가토의 지질대사에 미치는 영향에 대하여」라는 논문으로 각각 박사학위를 받았다.

이화여자대학교 1호 박사학위증을 받은 반헌경 선생은 어렸을 때부터 병들어 불쌍한 사람들과 앞 못 보는 시각장애인들을 위해 일하겠다는 결심으로 의과대학에 진학했다. 재학 중에도 방학 때마다 농어촌 계몽활동에 나가곤 했던 반헌경 선생은

1951년 8월 20일 이화여자대학교 의과대학을 1회로 졸업했다. 1950년 한국전쟁의 발발로 당시 이화의대는 부산 피난지 임시 교사에서 수업을 이어가고 있었다. 얇은 판자로 교실 칸막이를 세워 옆 교실의 소리와 바깥 소음이 고스란히 전해지는, 매우 혼란스러운 상황에서도 학업을 이어간 24명의 의대 학생들은 의과대학 1회 졸업장을 전달받았다. 훗날 이화의대 임상병리학 교수이자 한국여자의사회장을 맡았던 권분이 선생, 이화 출신 첫 의과대학장 김구자 선생 등도 포함되었다.

안과 전공이었던 반 선생은 졸업 후 이대동대문병원에서 근무를 시작했다. 당시 한국에는 전쟁 이후 제대로 된 처치를 받지 못하고 지저분한 위생·보건 문제 등으로 시각장애를 앓는 사람들이 많았다. 안과의사였던 그는 진료시간 이외에는 서울 시내 보육원, 주말에는 의학의 혜택이 미치지 못하는 농어촌을 찾아다니며 진료를 이어나갔다. 반 선생이 늘 가지고 다니는 핸드백 속에는 항상 약과 수술기구가 들어 있었다. 반 선생은 이러한 공적을 인정받아 1963년 3·1절에 전국선행자표창위원회로부터 선행자 표창장을 받았다. 1963년 2월 25일 『경향신문』 기사에 따르면 10여 년 동안 반헌경 선생이 눈뜨게 한 시각장애인이 500명에 달한다고 한다.

산골에 들어갔을 때였다. 의사라곤 처음 보는 마을 사람들은

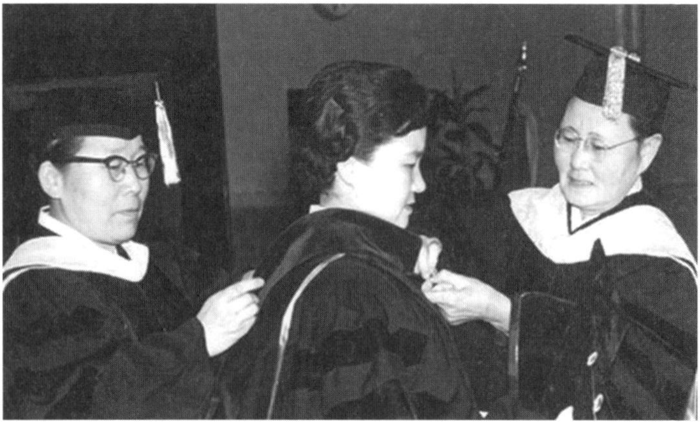

박사학위를 받는 반헌경. 왼쪽부터 김영의, 반헌경, 김애마 선생

출처 이화여자대학교

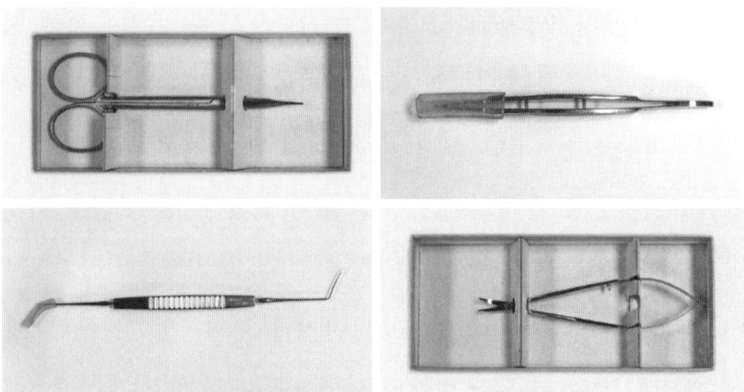

반헌경 선생이 실제 사용한 수술도구

출처 이화의료원(이대우 기증)

거의 모두 영양부족이고 병에 걸려 있어 1주일 동안 이곳저곳을 돌아다니며 침식을 잊고 치료하고 난 다음 그만 지쳐 쓰러져버린 반 박사였다. "같은 우리 민족 가운데 이렇게 불쌍한 사람들도 있구나" 하고 생각할 때 서글픔과 함께 무거운 책임을 다시 통감했다는 것이다.[1]

반 선생은 1956년 박사학위 과정을 밟기 위해 동물들의 각종 안구를 연구했다. '바닷속 깊숙이까지 들여다볼 수 있는 고기(어류) 눈의 성능, 몇십 리 밖까지 환히 볼 수 있는 새 눈의 기능' 등 각종 동물의 우수한 특질을 연구하기 위해 새벽에 도살장으로 가서 갓 잡은 소 눈을 20~30여 개씩 사 오거나, 대구까지 내려가서 초등학생들에게 돈을 주고 메뚜기 눈을 구하기도 했다. 제자들과 함께 연구실에 모여 앉아 민물고기, 바닷고기, 곤충들의 눈알을 빼내는 날도 많았다. 그렇게 얻은 온갖 눈들은 실험 전 냉장고에 넣어두었더라도 열악한 전기 사정으로 정전이라도 되면 썩기 일쑤였다. 그렇게 어려운 환경에서도 6년간의 연구를 이어나간 반 선생은 결국 박사학위를 받게 됐다.

이화여대 안과학교실 교수로, 이대동대문병원 의사로 근무하던 반헌경 선생은 1964년 9월 8일 미국으로 떠났다. 미국 펜

---

1 "이대박사제1호", 『경향신문』, 1963.2.25.

실베이니아대학교 대학원에서 안과 공부를 계속하기 위해서였다. 반 선생은 떠나기 전날까지 환자를 돌보느라 짐도 제대로 꾸리지 못해 모친에게 대신 짐을 부쳐달라고 부탁해야 할 정도였다. 출국 날 공항에는 반 선생을 통해 개안 수술을 받은 환자들이 배웅을 나왔다. 13년 전 폭발 사고로 실명했다가 반 선생의 개안 수술로 시력을 되찾은 이익순 씨도 함께했다. 시각장애를 지닌 채 홀어머니를 모신다는 사연을 듣고 반 선생이 수술비 절반을 사비로 지원했던 환자였다.

이대목동병원 김옥길홀의 재탄생을 기원하며

2024년 10월 14일 이대목동병원 김옥길홀에서는 '김옥길홀 현판 보존 기념식'이 개최되었다. 목동병원 재구조화 사업의 일환으로 김옥길홀이 위치한 공간의 리모델링 공사가 예정되어 있어 한동안 김옥길홀을 만날 수 없게 되었기 때문이다.

이대목동병원은 이화여자대학교 제8대 총장이자 이화학당 제6대 이사장을 역임한 김옥길 선생의 의지와 노력으로 탄생했다. 그렇기에 병원 본관 뒤편에 위치하고 있지만 그 중요성으로 따지면 이대목동병원에 있어 김옥길홀은 병원의 심장과 같은 공간이었다.

1982년부터 제2부속병원 건축사업계획을 시작한 이화의료원은 1986년 지금의 목동병원 부지를 매입한 후 병원 건축을 위한 기금 모금을 본격적으로 시작했다. 당시 이화학당 이사장

김옥길홀 현판 보존 기념식(2024.10.14)

출처 이화의료원

김옥길홀 현판

출처 이화의료원

이던 김옥길 선생은 “그동안 학교를 위해 미국에 거주 중인 동창들에게 모금을 한 적은 없었지만 목동병원을 위해 모금을 해 보겠다”고 이야기하며 목동병원 건축모금 계획에 돌입했다. 그러나 이내 암 진단을 받아 병원생활을 하게 되면서 더 이상의 모금활동 전개는 어려워지는 듯싶었다. 그럼에도 김옥길 선생은 1990년 4월 칠순잔치 중 목동병원 건축의 필요성을 참석자들에게 재차 강조했다. 이는 1926년 자신의 환갑잔치에서 조선 땅 내 조선 여성들을 위한 여자의학교 설립의 필요성을 역설한 로제타 홀의 모습이 오버랩되는 순간이었다.

투병 중에도 계속된 김옥길 선생의 간절한 호소에 선생의 동생인 김동길 교수를 비롯하여 이화 동문과 그 가족 및 사회 유지들의 후원이 시작되었다. 하루는 현대그룹 정주영 회장이 김옥길 선생의 병문안을 왔는데, 병세가 짙어져 혀가 굳어 말을 잘 할 수 없는 상황에서도 목동병원 건축을 걱정하는 선생의 모습을 보고는 그 자리에서 “돈이 병원을 짓습니까? 사람이 짓지요. 제가 뚝딱 지어드리겠습니다!”라고 이야기하며 목동병원 건축에 동력을 더했다.

이렇듯 김옥길 선생의 진심은 많은 이들을 움직였고, 이것이 촉매제가 되어 목동병원 공사가 본격적인 궤도에 올랐다. 그러나 선생의 건강은 그가 목동병원 완공을 보는 것을 허락하지 않았다. 결국 김옥길 선생은 1990년 8월 25일 숙환인 직장암으로 자택에서 세상을 떠났다.

이후 목동병원은 더욱 공사에 박차를 가하여 1993년 9월 9일부터 환자들을 받기 시작했다. 10월 6일 성대한 개원식이 진행되었지만 김옥길 선생이 그 자리에 함께하지 못한 것은 참석자들 모두의 마음에 진한 아쉬움을 남겼다. 비록 개원식에 함께할 수는 없었지만 이화의 모든 구성원은 목동병원 탄생에 중추적 역할을 한 김옥길 선생의 노고를 잊을 수 없었다. 이에 목동병원을 세우는 과정에서 본관 뒤쪽에 김옥길 선생을 기리는 기념홀 조성을 준비했다. 그리고 병원 완공과 함께 김옥길홀도 완성하여 홀 입구에 선생의 노고와 정신을 기억하겠다는 다짐을

담은 현판을 부착했다. 이것이 바로 이번 행사에서 철거되어 보존함에 들어간 그 현판이다.

일생을 한국 여성교육, 사회 발전을 위해 헌신하는 삶을 살다 간 김옥길 선생의 뜻을 기리며 지어진 김옥길홀. 이곳에서는 지난 30여 년간 목동병원 개원식을 비롯한 병원 내 주요 기념식 및 각종 의학 관련 행사들이 진행되었다. 그리고 이제 이곳은 병원을 방문하는 모든 내원객을 위한 안식처로 재탄생할 준비를 하고 있다. 새롭게 조성되는 이 공간에서도 나눔과 섬김의 정신을 몸소 실천한 김옥길 선생의 뜻이 계속해서 이어질 수 있기를 바란다.

이대동대문병원 역사라운지 전경

출처 이화의료원

W.F.M.S.,
한국 초기 여의사들의
길을 비추다

이화의료원은 2023년 10월 31일 보구녀관 개관 136주년과 함께 이대서울병원 지하1층에 이대동대문병원 역사라운지를 개관했다. 이곳은 2008년 폐원되어 지금은 사라진 이대동대문병원과 병원의 발전을 위해 헌신한 이들을 기억하고자 조성한 공간이다.

W.F.M.S.의 지원으로 1887년 정동에 보구녀관이 문을 연 이후 많은 여성들과 아이들이 찾아와 병든 몸과 마음을 치료받을 수 있었다. 보구녀관을 찾아오는 환자들을 보며 스크랜튼 대부인과 의사 로제타 셔우드는 새로운 지역으로 활동의 영역을 넓힐 필요성을 느끼게 되었고, 마침내 1892년 스크랜튼 대부인이 동대문 언덕 부지 1천여 평을 구입하며 볼드윈진료소가 지어졌다. 이것이 이화의료원 동대문 시대의 시작이다. 1912년 동대

문 언덕 위에 릴리안해리스기념병원이 신축되었고 1913년 정동의 보구녀관은 이곳과 합병되었다.

새 병원이 지어졌지만 여전히 이곳에서 환자를 돌볼 수 있는 의사는 W.F.M.S.에서 파견한 두 명의 외국인 의사, 곧 메리 스튜어트와 로제타 홀뿐이었다. 1900년 한국 여성 최초로 김점동(박에스더)이 의사가 되어 활동을 시작했지만 불과 10년 만에 폐결핵으로 사망한 후 오랫동안 한국인 여의사가 배출되지 못했기 때문이다.

1928년 홀이 조선여자의학강습소를 설립하기 이전부터 홀과 커틀러 의사가 보구녀관과 평양 광혜여원, 릴리안해리스기념병원에서 여성의학반을 만들어 여의사 양성을 위한 기초교육을 시작했으나 이 교육만으로는 의사가 될 수 없었다. 당시 한국 여성이 의사가 되기 위해서는 외국 소재 의과대학에 입학하거나 조선총독부의원 부속 의학강습소(1916년 경성의학전문학교로 개칭)의 청강생으로 들어가 과정을 마치는 방법밖에는 없었다. 한국 선교활동 초기부터 줄곧 한국인 여의사 양성에 노력을 기울였던 홀은 1910년대부터 의학에 뜻을 둔 여학생들이 이러한 경로를 통해 의학공부를 하고 의사가 될 수 있도록 적극 도왔다.

그 결과 1910년대 후반부터 김점동의 뒤를 이은 한국인 여의사들이 배출되었다. 이에 이대동대문병원 역사라운지는 개관을 기념해 W.F.M.S.의 섬김과 나눔의 활동이 한국 초창기 여의

1910~1920년대에 배출된 한국인 여의사들

출신학교	졸업생(졸업연도)
경성의학전문학교	김영흥, 김해지, 안수경(1918) 고수선, 윤보명(1925) 강기경, 김미재, 이영실(1926)
동경여자의학전문학교	허영숙(1917) 정자영(1920) 현덕신(1921) 박정, 송복신(1922) 길정희, 유영준, 한소제(1923) 이덕요(1924) 전혜덕(1925)
북경화북협화여자의학교	김애희(1921)
상해남양의과대학	김로다, 김몽원(1929)

초기 한국인 여의사들의 멘토 역할을 한 홀, 스튜어트, 커틀러 의사(왼쪽부터)

출처 *Fifty Years of Light*

사들의 탄생과 성장에 끼친 역사를 조명하는 첫 기획전을 마련했다.

이 전시에서는 김점동으로 시작하여 1929년까지 배출된 초기 한국인 여의사들의 이력과 활동을 살펴보는 한편, 여의사 양성 및 교육, 수련에 힘쓴 로제타 셔우드 홀, 메리 커틀러, 메리 스튜어트 의사의 역할도 함께 소개한다. 또한 동대문부인병원에서 의료인으로서의 경력을 쌓은 후 지역사회 의료 보급에 앞장섰던 여의사들의 활동, 6·10 만세운동을 지원했던 동대문부인병원과 당시 의료진들의 헌신의 내용들을 전시장에서 확인할 수 있다.

이화에 뿌려진
선교의 씨앗

이화의료원은 1887년 W.F.M.S.의 선교사업으로 시작한 보구녀관을 그 뿌리로 삼고 있다. 1885년 아펜젤러, 스크랜튼, 언더우드 등의 선교사들이 한국 땅에 들어오며 개신교가 한국 사회에 전해지기 시작했다. 이후 빠른 속도로 교세를 확장한 한국 개신교는 이제 세계 교회의 중심으로 자리를 잡아가고 있다.

2024년 9월 22일부터 28일까지 인천 송도 컨벤시아에서 전 세계 개신교 지도자들의 영향력과 아이디어를 연결하는 '제4차 로잔대회'가 개최되었다. 220여 개국 5천여 명의 목회자, 선교사, NGO 활동가, 환경운동가 등 다양한 영역에서 활동하는 이들이 참여한 이 대회에 이화의료원은 의무지원팀을 파견했다. 더불어 한국 선교 역사의 시작과 함께하며 커다란 열매를 맺은 이화의료원의 출발과 성장, 그리고 현재를 알리고자 홍보부스를 마련했다.

로잔대회가 개최되는 송도 컨벤시아 1층 메인 복도 중간에 위치한 이화의료원 홍보부스는 보구녀관에서부터 볼드윈진료소—릴리안해리스기념병원—이대동대문병원으로 이어지는 역사를 파노라마 형식으로 보여주었다. 그리고 그 위로 19세기 말~20세기 초 이화에서 교육과 의료선교 활동을 했던 선교사들, W.F.M.S.의 후원으로 한국인 첫 여의사가 된 김점동, 진료와 선교가 함께 이루어졌던 보구녀관 병실의 모습 등을 소개했다.

또한 한국 개신교 교육과 의료선교의 산실인 이화학당과 보구녀관을 설립하며 선교의 씨앗을 뿌린 메리 스크랜튼 여사, 그리고 한국 여성의료 역사의 밑바탕을 만들어준 로제타 셔우드 홀 의사의 진료 모습이 담긴 액자와 그들의 메시지를 함께 담았다.

홍보부스 앞에 전시된 이화여자대학교 서양화과 강애란 교수의 라이팅북lighting book이 멀리서도 참가자들의 시선을 끌어 많은 참가자가 이화의료원 홍보부스를 방문했다. 이들은 의료활동을 바탕으로 하나님의 말씀을 전하고 한국 여성들의 무한한 잠재력, 가능성을 일깨워줌과 동시에 그것을 펼칠 수 있는 길까지 제시해주었던 당시 선교사들의 활동을 살펴보며 선교가 가진 무한한 힘을 다시 한번 확인하는 시간을 가졌다. 그리고 각자의 일행들과 함께 의료원 홍보부스를 배경으로 기념촬영을 하며 제4

로잔대회에 설치한 이화의료원 홍보부스

출처 이화의료원

차 로잔대회의 추억을 저장하는 시간을 가지기도 했다. 한 방문자는 로제타 홀의 활동에 경의를 표하며, 그녀의 미국 고향을 방문한 경험과 미국 사회에 홀 여사를 널리 알리고자 하는 자신의 계획을 이야기하고 가기도 했다.

아무도 가려 하지 않은 나라에 가서 아무도 하려고 하지 않은 일을 기꺼이 하며 한국 여성의료 역사에 씨앗을 뿌린 선교사들의 활동을 소개한 이화의료원의 홍보부스가, 로잔대회 참가자들에게 오늘날 한국 교회가 가져야 할 복음 전파의 사명과 사회적 책임의식에 대해 생각하는 기회를 제공해주었기를 바란다.

가을빛으로 물든 정동길에서 만난 보구녀관의 역사

2024년 10월과 11월 이화의료원 교직원 30여 명은 의료원의 뿌리이자 근간인 보구녀관 시기 역사를 배우며 우리가 지켜야 할 의료원의 가치와 정신을 탐독하는 '보구녀관 이화의료역사학교' 과정을 함께했다. 특히 이번 과정은 총 5회의 강의와 함께 정동 현장답사도 진행하여 실제 보구녀관이 있던 공간의 흔적을 따라가보는 특별한 시간을 가졌다.

보구녀관이 위치했던 서울 중구 정동은 개화기 근대 신문물의 집결지 역할을 하는 공간이었다. 정동은 이성계의 계비 신덕왕후 강씨의 정릉이 처음 자리했으며, 선조가 말년을 보내고 광해군이 즉위식을 거행한 정릉동 행궁(후에 경운궁으로 개칭)이 있어 잠깐씩 역사의 주목을 받기도 했지만 이 지역이 한국 역사의 전면에 등장한 때는 1876년 개항 이후였다.

1883년 조선에 부임한 미국 공사 푸트Lucius H. Foote의 정동 입주를 시작으로 조선과 수교를 맺은 대부분의 서양 국가들은 정동에 공사관을 조성했다. 외교관들 외에도 조선에서 선교활동을 하기 위해 입국한 개신교, 성공회 등의 선교사들 역시 대부분 정동에 처음 터전을 잡은 후 활동을 전개했다.

특히 당시 공사관 거리Legation Street로 불렸던 지금의 정동제일교회에서부터 경향신문사까지 이어지는 정동길을 중심으로 경운궁, 미국 공사관과 이어지는 북쪽 구역에는 미국 북장로교가, 맞은편 한양 도성 남서쪽 성벽과 인접한 남쪽 구역에는 미국 북감리교가 자리 잡으며 학교, 병원, 고아원, 교회 등을 설립했다. 그러나 장로교가 자리 잡은 지역은 고종이 1897년 경운궁에 들어간 후 왕실 부지로 차례로 매입되어 지금은 선교활동의 흔적을 찾을 수 없다. 그에 반해 감리교 구역은 정동제일교회를 비롯하여 교육기관이었던 이화학당과 배재학당의 영역이 아직도 유지된 채 그 역사를 이어가고 있다.

토요일에도 이어지는 병원 진료로 인해 더 많은 인원이 답사에 참여할 수 있도록 답사는 두 차례에 걸쳐 진행되었고, 참석자들은 모두 화창한 가을 햇살을 만끽하며 정동 구석구석을 탐방할 수 있었다. 정동제일교회 앞에서 시작된 정동 답사는 감리교 영역을 집중적으로 살펴보는 시간으로 진행되었다. 한국 최초의 감리교회이자 지금도 교회 입구에 자리 잡고 있는 벧엘예

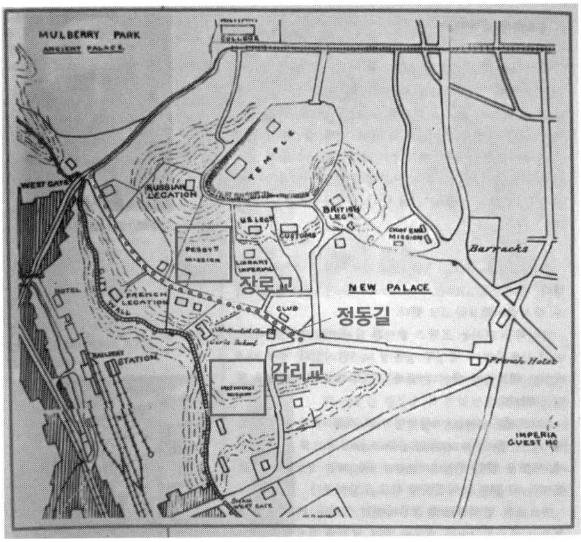

정동길을 중심으로 나뉜 장로교와 감리교 구역

출처 *Western Quarter of Seoul*(1901)

1907년 2월 보구녀관 간호원양성학교 제2회 예모식 겸
간호사 이그레이스의 결혼식 날(정동제일교회 벧엘예배당 앞에서)

출처 GCAH

배당은 한국 개신교 최초의 서양식 예배당으로, 예배당과 이웃하고 있던 보구녀관 간호원양성학교의 예모식과 졸업식 등의 행사가 열렸던 공간이기도 하다.

현재 남아 있는 사진과 지도를 통해 추정해보면 보구녀관은 벧엘예배당 뒤편에 위치했던 것으로 보인다. 실제 정동제일교회에서 이화여자고등학교 방향으로 가는 길가 한쪽에는 보구녀관 표지석이 세워져 있다. 무심코 이 길을 걸어간다면 있는지도 모른 채 지나칠 수도 있을 낮은 높이의 표지석이지만, 이날 답사 참석자들은 이 표지석이 지닌 무게가 결코 가볍지 않음을 느꼈다. 이날 정동을 답사하는 많은 탐방객이 이 표지석을 주목하며 보구녀관에 대해, 그리고 이화의료원에 대해 알아가는 모습을 보았기 때문이다. 답사 참석자들 역시 보구녀관 표지석 앞에서 한국 최초의 여성전용병원이자 여의사와 간호원 양성의 산실이었던 보구녀관의 역할을 상기하며, 지금의 이화의료원이 나아가야 할 바에 대해서도 다시 한번 생각해보는 시간을 가졌다.

실제 보구녀관이 위치했던 곳을 좀 더 가까이 보기 위해서 이화여자고등학교 심슨기념관을 방문했다. 1915년 준공된 심슨기념관(등록문화재 3호)은 오늘날 이화박물관으로 사용되고 있다. 이화의 역사를 소개하는 상설전과 함께 특별전 '정동에서 피어난 문학 향기' 전시를 관람하며 이화의 문학인과 문학작품, 이화여고 교지 『거울』의 역사를 되짚어보았다. 이어서 심슨기념관

정동에 있는 보구녀관 표지석

벧엘예배당(네모) 뒤쪽에 위치했던 보구녀관

출처 GCAH

심슨기념관

출처 GCAH

뒤쪽으로 이동하여 보구녀관이 위치했던 곳을 살펴보며 당시의 모습을 상상해보았다. 특별히 이화박물관 학예사 선생님의 협조로 이화여고 교정 안쪽까지를 둘러보며 근대 시기 이화학당 및 보구녀관의 역할과 그 위상에 대해 이야기 나누는 귀한 시간을 가질 수 있었다.

평소 주중과 주말을 가리지 않고 바쁘게 돌아가는 병원 일에 쫓기던 의료원 구성원들은 이번 역사학교를 통해 모처럼 병원 밖으로 나섰다. 유난히 맑았던 날씨 속에서 책으로만 접하던 역사의 현장을 직접 걸으며, 저마다 잊고 지내온 시간을 돌아보고 숨을 돌릴 수 있었다고 소감을 전했다.

모든 역사는 공간과 맞닿아 있고, 때로는 문자가 전달하지 못하는 것을 현장이 이야기해주기도 한다. 그래서 역사 이해와 현장 답사는 불가분의 관계에 있다. 책 속의 글자가 미처 전하지 못한, 정동의 현장이 말해주는 보구녀관의 이야기와 정신이 많은 이들에게 전해지기를 바란다.

한국 여성의학교육의 뿌리, 이화의학교육

138년의 세월 동안 이화의료원이 걸어온 길 위에는 크고 작은 이야기들이 켜켜이 쌓여 있다. 이 책은 그 이야기들을 수집·발굴하여 엮어낸 기록이자, 한국 여성의학교육의 뿌리가 어디에서 비롯되었는가를 찾는 여정이기도 했다. 2025년은 이화의 이름으로 의과대학이 공식 설립된 지 80주년이 되는 해이다. 그러나 그보다 훨씬 전부터 이화는 여성 의료인을 키우기 위한 조용한 발걸음을 내딛었다. 보구녀관에 두 번째 여성 의사로 1890년 내한한 로제타 셔우드 홀이 이화학당의 김점동과 그의 동급생들을 대상으로 생리학과 위생학을 가르친 것이 첫걸음이었다. 이후 동료 커틀러 의사와 함께 정동 보구녀관과 평양 광혜여원에서 조직·운영한 여성의학강습반, 1928년 문을 연 조선여자의학강습소는 모두 이화 여성의학교육의 뿌리이다. 그리고 이 같은 기반 위에서 1945년 해방과 함께 이화는 학교를 재개, 종합대학교로의 승격을 추진하며 9개 학과를 개설했는데 그중에 의학과가 있었다. 이렇게 1945년 10월 정식으로 이화에 의학과가 설치되어 본격적인 의사양성교육이 전개되었고, 이화의대는 한국 여성의학계를 선도하는 여성 의사들을 배출하며 오늘날까지 이어져 오고 있다.

그렇다면 이화 의학교육의 역사를 의과대학 설립 이후의 80년으로만 국한지어 이야기하는 것이 타당한 것일까? 이 같은 질문에 답을 찾고 앞으로의 여성의학교육의 방향을 모색해보고자 이화여자대학교 의과대학과 이화의료원에서는 2025년 6월 19일 "138년의 빛, 이화의학교육의 오늘과 내일"이라는 제목의 심포지엄을 개최했다. 1부와 2부로 나뉘어 진행된 심포지엄에서는 총 6개의 주제 발표가 있었다.

1부에서는 "이화 여성의학교육의 역사적 의의"라는 주제로 "WFMS의 여성의학교육"(김영수 교수), "일제강점기 여성 의료에서 동대문부인병원의 역할"(최은경 교수), "여성 보건의료인 양성을 위한 '대학교육'의 시작"(이방원 교수)이 발표되었다. 발표자들은 한국여성의학교육 역사에서 그 시작과 성장의 발판을 만든 W.F.M.S.의 역할과 그 의미, 일제강점기 여성의료선교기관으로서의 대표성을 가지고 있었으며 초창기 여의사들의 첫 근무지로서 여성의학교육의 산실 역할을 한 동대문부인병원의 의미, 일제

2025년 6월 19일 심포지엄

2025년 6월 19일 심포지엄 참석자 단체사진

강점기 보건의료인을 양성하기 위한 교육체제를 끊임없이 구상했고 그것이 바탕이 되어 해방 직후 이화에 의학과의 개설이라는 결과를 낳음으로써 현대 여성 보건의료인 성장에 주도적 역할을 하게 된 일련의 과정에 대해 발표했다.

2부에서는 “여성의학교육의 현재와 미래”라는 주제 아래 “이화 여성의학교육 개관: 1945-2025”(심기남 교수), “현대 한국과 미국 여성의학교육과 여성 의사, 1945-2020: 변화의 흐름과 미래 방향성”(공혜정 교수), “이화 여성의학교육의 미래”(정소미 교수) 발표가 진행되었다. 각 발표는 이화의 의학과 개설 이후 현재까지 이어져 온 중요한 발걸음들, 한국과 미국에서 진행되고 있는 현대 여성의학교육 발전의 경로 비교분석을 통한 비전 제시, 이화의학교육 발전과정과 앞으로의 혁신 추진계획에 대한 내용이 소개되었다.

1887년 보구녀관으로부터 시작된 한국 근대여성의료의 문은 돌봄과 치유의 길을 연 것에서 그친 것이 아닌, 여성의 교육과 성장, 사회 진출이라는 결과로 확대되었다. 다만 그 모든 과정이 순탄하게 흘러 이어진 것은 아니었다. 시대적인 한계, 현실적인 어려움에 부딪히며 때로는 중단되기도, 때로는 꺾이기도 하는 시련의 시간들이 동반되었다. 그러나 앞으로 나아갈 수 없는 시간에조차 끊임없이 어려움을 극복할 방안들을 강구하기 위해 노력했다.

한 명의 의료인을 배출한다는 것은 한 개인의 역량만으로는 이루어질 수 없는, 지난한 과정을 거쳐야만 가능한 일이었다. 1890년 로제타 홀이 보구녀관에 의료보조훈련반을 만들어 기초의학교육을 진행한 씨앗이 한국 땅에 뿌리를 내리고 여성 의사 양성을 위한 교육기관으로 열매 맺기까지, 그 과정에는 여러 의료선교사들과 외국에서 갖은 어려움을 이겨내는 유학생활을 거쳐 의사가 된 초창기 한국인 여의사들의 헌신, 그리고 이들을 금전적으로 지원한 W.F.M.S.와 이름 모를 많은 국내외 후원자의 힘이 있었다.

'이화'라는 이름으로 해방과 함께 시작된 이화여대 의학과는 갑자기 주어진 우연한 해방의 선물이 아니었다. 그것은 60여 년에 걸쳐 보구녀관과 릴리안해리스기념병원을 통해 진행되어온 여성의학교육의 역사가 이루어낸, 조용하지만 깊은 뿌리를 내린 이화의 시간들이 빚어낸 필연의 결실이었다. 그렇기에 우리는 한국 여성의학교육의 연원을 추적하는 데 있어 결과적인 측면에서의 '첫 모습'만이 아닌, 그 결과를 이루어내기까지의 과정에 놓인 '첫걸음'이 과연 어떤 여정 속에서 비롯되었는지에 주목할 필요가 있다. 이 심포지엄, 그리고 더 나아가 이 책은 그 첫 시작을 짚어보고 이후 한 걸음 한 걸음이 쌓아올린 발자취를 따라 오늘에 이르기까지의 여정을 정리하고, 앞으로 우리가 가야 할 방향을 모색해보는 자리였다.

“우물을 판 자의 수고를 잊어서는 안 된다”라는 말이 있다. 이화에서 뿌리내린 여성의학교육이 이화를 넘어 한국 여성의학교육의 연원으로서 그 가치를 이어가며 새로운 미래, 새로운 이화에 더 단단히 자리매김할 수 있도록 하는 것이 우리에게 주어진 새로운 과제다.

앞으로의 시간들을 이끌어갈 이화의대 학생들에게 전하는 강덕희 의과대학장의 당부의 말을 되새겨본다.

여러분은 이 숭고한 유산을 이어갈 이화의 미래입니다. 여러분이 배우는 이 자리, 이 시간은 단지 개인의 성장을 위한 것이 아니라, 세상과 인류를 향한 섬김의 출발점이기도 합니다. ‘이화에서 배운다는 것’은 곧 ‘나의 배움이 세상을 밝히는 도구가 된다’는 뜻입니다. 그 사실에 자부심을 가지고, 새로운 시대에 걸맞은 새로운 이화의 주체로 우뚝 서주길 바랍니다.

참고문헌

1차 사료

Annual Report of the Korea Woman's Conference of the Methodist Episcopal Church (KWC), 1889~1930.

Annual Report of the Woman's Foreign Missionary Society of the Methodist Episcopal Church, 1885~1940.

Heathen Woman's Friend.

Woman's Missionary Friend.

The Korea Mission Field.

로제타 홀,『로제타 홀 일기 1~6』, 김현수·강현희 옮김, 홍성사, 2015~2017.

『植民地朝鮮教育政策史料集成』 40(第7集:學校要覽類(含, 日本留學, 社會教育關係)), 龍溪書舍, 1989.

스크랜턴 기념사업회 엮음,『윌리엄 B. 스크랜턴 서신자료집』, 한국기독교역사연구소, 2010.

『신학월보』.

『조선총독부관보』.

『토지조사부』(1912).

『지적원도』(1913).

『京城府管內地籍目錄:1917年』.

『京城府管內地籍目錄:1927年』.

『대한매일신보』,『매일신보』,『동아일보』,『조선일보』,『경성일보』,『중외일보』,『조선중앙일보』,『경향신문』,『이대학보』.

저서

길정희, 『나의 자서전=한국 여자 의학교육 회고』, 삼호출판사, 1981.
김경환, 『梨花의 뒤안길에서』, 보성문화사, 1982.
닥터 셔우드 홀, 『닥터 홀의 조선회상』, 김동열 옮김, 좋은씨앗, 2009.
대한성공회백년사편찬위원회, 『대한성공회 백년사: 1890-1990』, 대한성공회출판부, 1990.
미네르바 구타펠, 『조선의 소녀 옥분이』, 이형식 옮김, 살림, 2008.
박정희, 『닥터 로제타 홀』, 다산북스, 2015.
서울대학교 약학대학 100년사편찬위원회, 『서울대학교 약학대학 100년사(개정판)』, 서울대학교출판문화원, 2017.
서울역사박물관 조사연구과 편, 『창신동: 공간과 일상』, 서울역사박물관, 2011.
엘리자베스 키스·엘스펜 키스 로버트슨 스콧, 『영국화가 엘리자베스 키스의 올드 코리아』, 송영달 옮김, 책과함께, 2020.
기독교대한감리회 여선교회전국연합회 엮음, 『빛의 50년: 미감리회 여성해외선교회 한국사역 50년 보고서』, 굿올드, 2021.
연세대학교 의과대학 의사학과 엮음, 『세브란스 선교사 편람』, 역사공간, 2019.
옥성득, 『한국간호역사자료집 Ⅰ』, 대한간호협회, 2011.
________, 『한국간호역사자료집 Ⅱ』, 대한간호협회, 2017.
이만열, 『한국기독교의료사』, 아카넷, 2003.
이덕주, 『나라의 독립 교회의 독립: 한국기독교 선구자 한석진목사의 생애와 사상』, 기독교문사, 1988.
________, 『선한 사마리아인의 애오개 사랑: 아현교회 110년사』, 기독교대한감리회 아현교회, 2001.
________, 『스크랜턴: 어머니와 아들의 조선 선교 이야기』, 공옥출판사, 2015.
이덕주·하희정, 『마가렛 에드먼즈와 이정애』, 이화여자대학교출판문화원, 2019.
이동순, 『현덕신』, 이화여자대학교출판문화원, 2023.
이방원, 『박에스더』, 이화여자대학교출판문화원, 2018.
황미숙, 『내한 미국감리교회 선교사들의 사회복지사업(1885~1960년)』, 동연, 2020.

이화100년사편찬위원회 편, 『이화100년사자료집』, 이화여자대학교출판문화원, 1994.

_______, 『이화100년사』, 이화여자대학교출판문화원, 1994.

이화100년사편찬위원회 편, 『梨花百年史 1886~1986』, 이화여자고등학교, 1994.

이화의료원 역사편찬위원회, 『이화 의료 이야기: 보구녀관에서 이화의료원까지』, 이화여자대학교출판문화원, 2022.

장병욱, 『한국 감리교의 선구자들』, 성광문화사, 1978.

Lavinia L. Dock, Isabel M. Stewart, 『看護史』, 조정환 옮김, 朝鮮看護婦會, 1933.

Charles A. Sauer, Ellasue Wagner, *Within the gate*, Korea Methodist News Service, 1934.

Woman's Foreign Missionary Society of the Methodist Episcopal Church, *Fifty Years of Light*, YMCA Press, 1938.

사토고조佐藤剛藏, 『朝鮮醫育史』, 이충호 옮김, 형설출판사, 1993.

논문

「보구녀관 최종보고서」, 2018.

박새암, 「개신교 선교사 한국어교육의 형성과 전개에 대한 사적 연구」, 한성대학교 일반대학원 한국어문학과 한국어교육전공 박사학위논문, 2018.

백옥경, 「1920년대 김순복의 여성계몽운동과 여성해방인식」, 『이화사학연구』 55, 2017.

_______, 「한국 근대 초 의료선교사 메리 커틀러의 진료활동과 여성의학교육」, 『여성과 역사』 35, 2021.

_______, 「식민지시기 조선여학생의 東京女子醫學專門學校 유학과 귀국후 활동」, 『이화사학연구』 66, 2023.

이꽃메, 「한국 최초의 간호사 김마르다와 이그레이스 연구」, 『여성과 역사』 30, 2019.

이방원, 「보구여관保救女館의 성립과 활동」, 『의사학』 17-1, 2008.

______, 「보구여관 간호원양성소(1903~1933)의 설립과 운영」, 『의사학』 20-2, 2011.

______, 「여성 보건의료인 양성을 위한 '대학교육'의 시작과 정착-이화여대를 중심으로(1945~1960)」, 『이화사학연구』 69, 2024.

이영아, 「최초의 '국내파' 여성의사 안수경安壽敬, 김영흥金英興, 김해지金海志 연구」, 『의사학』 30-1, 2021.

찾아보기

편집 후기

2026년은 이화여자대학교 창립 140주년이자, 보구녀관에서 출발한 이화의료원이 139주년을 맞는 뜻깊은 해입니다. 저는 이대동대문병원에서 여러 차례 수술을 받으며 이화의료원과 깊은 인연을 맺었고, 『이화 80년사』 편찬 당시에는 총무로 참여해 이화의 역사 기록에도 힘을 보탰습니다. 그 마음을 담아 동대문병원의 옛 모습을 펜화로 남겨 간직해왔습니다. 그 그림이 이번 『한 걸음 더 다가간 이화 의료 이야기』의 표지에 실리게 되어 매우 기쁘고 영광스럽습니다. 이 작은 그림이 후학들에게 이화의료원이 걸어온 길을 이해하고, 그 의미를 되새기는 데 도움이 되기를 바랍니다.

김재은_이화여자대학교 심리학과 명예교수

140년 이화의료원의 이야기를 좀 더 가까이에서 마주할 수 있었습니다. 한국 여성들의 질병 치료를 넘어 자주적인 삶을 위한 길을 이끌어주며 함께하신 선교사님들과 선배님들의 사랑과 헌신에서 이화의 정신을 깊이 느꼈습니다. 뜻깊은 기록을 편집한 참으로 감사한 시간이었습니다.

이자형_이화여자대학교 간호대학 명예교수

살아왔던 시대, 시간의 모자이크가 역사라지요? 이화의료원 138년, 또 다른 숨은 이야기를 찾아내는 여정은 다 같이 숨죽이며 '주크박스'를 여는 기쁨이었습니다. 이 이야기가 계속해서 많은 분들께도 잔잔한 울림으로 전해지길 기대합니다. 이화 의료 이야기 프로젝트에 5년째 함께했음은 개인적으로는 큰 행운이었습니다.

임선영_전 이화여자대학교 의과대학 동창회장

2022년 12월 출간된 『이화 의료 이야기』에서 다 나누지 못했던 더 자세하고 따뜻하고 가슴 뭉클한 우리의 역사 이야기들을 이번 기회에 함께 공유하고 나눌 수 있어서 진심으로 영광이고 감사한 마음입니다. 다시 한번 예전 우리 이화 의료 역사와 선배 선생님들의 헌신과 노고를 되돌아보면서, 오늘날의 대한민국 의료계와 의료인들의 나아갈 바를 밝혀주는 의미 있는 작업이었다고 감히 말씀드리고 싶습니다. 기록적인 폭염 속에서도 편찬 작업에 열정을 쏟아주신 편찬위원회 분들과 처음부터 마지막까지 꼼꼼하게 살펴주신 홍연주 선생님께 깊은 감사를 드립니다.

심기남_보구녀관장, 이화여자대학교 의과대학 교수

보구녀관장 시절 『이화 의료 이야기』를 편찬했을 때의 첫 감격이 채 가시기도 전에 이렇게 또 다른 소중한 역사 이야기로 한 걸음 더 사부작, 사부작 진일보하는 소중한 이화 의료의 역사는 앞으로도 영원히 우리들의 가슴에 기억으로 남을 겁니다. 그 걸음을 지휘해주신 유경하 의료원장님께 깊은 감사를 드립니다.

김영주_전 보구녀관장, 이화여자대학교 의과대학 교수

의료 현장에서 환자분들을 마주하며 바쁘게 살아가다 보니 우리가 딛고 있는 이화의료원의 뿌리와 그 깊이에 대해 돌아볼 기회가 많지 않았던 것

같습니다. 『한 걸음 더 다가간 이화 의료 이야기』는 단지 과거를 돌아보는 기록이 아니라, 지금의 나와 우리가 어디에서 왔는지를 성찰하게 해주는 소중한 시간이었습니다. 선배 의료인들의 헌신과 용기, 그리고 환자를 향한 진심이 고스란히 담긴 이 기록을 통해 이화의 정신을 다시금 마음에 새기게 되었습니다. 앞으로도 이 정신이 흔들림 없이 이어지기를 진심으로 바랍니다.

전혜진_이화의료원 대외협력부장, 이화여자대학교 의과대학 교수

역사편찬위원회에 참여하며 잘 몰랐던 역사를 알게 되었습니다. 그만큼 제 세상은 더 넓어졌고, 더 알고 싶은 것들도 많아졌습니다. 그런데 역사편찬위원회에서 멈추지 않고 역사 이야기를 계속 전해주심에 진심으로 감사한 마음입니다. 다음 역사 이야기도 기다려집니다. 설레는 마음으로 기다리겠습니다.

정은길_작가

2020년, 언론사를 떠나 이화의료원 홍보팀에 합류할 때만 해도 더는 '취재'를 안 하게 될 줄 알았는데 아니었습니다. 1930년대 흐릿한 신문 속, 낡다 못해 삭아버린 감리교 소식지 속에서 이화 의료의 역사가 담긴 흔적 하나 발견할 때마다 마치 특종을 한 것처럼 기뻤습니다. 뉴스레터에 담길 글을 쓸 때는 더 많은 이들에게 알리고 싶다는 마음으로, 현장에서 기사를 쓸 때보다 더 신중히 단어를 골랐습니다. 이화 의료의 뿌리와 의의를 찾은, 그 가치 있는 여정에 잠시나마 몸담을 수 있어 영광이었습니다.

김유림_전 이화의료원 홍보전략팀 홍보파트장

이화의 역사를 더 깊게 들여다볼 수 있는 책이 나오게 되어 정말 기쁩니다. 홍연주 선생님, 그리고 많은 분들이 고생하신 만큼 보시는 분들도 여성 의료의 역사를 더 자세히 재미있게 알게 되시면 좋겠습니다.

박세련_이대목동병원 융합의학연구원 사무원

매달 글을 쓰기 위한 소재를 정하고 관련 문서, 사진 자료들을 찾는 것이 녹록지 않은 일이었지만, 그 속에서 보물 같은 이야기들을 찾아 소개할 수 있는 기회이기도 하여 즐겁고 보람찼습니다. 아직 드러나지 못한 이화 의료 역사 속 이야기는 무궁무진합니다. 그것들이 앞으로 계속해서 발굴, 연구될 수 있기를 바랍니다.

홍연주_이화의료원 의료사 연구원

한 걸음 더 다가간

이화 의료 이야기

펴낸날	1판 1쇄 2025년 9월 29일
지은이	이화의료원 역사편찬위원회
펴낸이	주소현
펴낸곳	이화여자대학교출판문화원
주소	서울특별시 서대문구 이화여대길 52 (우03760)
등록	1954년 7월 6일 제9-61호
전화	02) 3277-2965(편집), 362-6076(마케팅)
팩스	02) 312-4312
전자우편	press@ewha.ac.kr
홈페이지	www.ewhapress.com
책임편집	이혜지·이지예

ISBN 979-11-5890-559-0 03900

값 25,000원

* 잘못된 책은 구입처에서 바꾸어 드립니다